항공객실업무

Cengage

Airline Cabin Service

Park Yeon Ok
Yoon Sun Jung
Park Yun Mi

ISBN-13: 978-89-6218-518-8

Cengage Learning Korea Ltd.
14F YTN Newsquare 76 Sangamsan-ro
Mapo-gu Seoul 03926 Korea

Printed in Korea
Print Number: 02 Print Year: 2023

Airline Cabin Service

항공객실업무

박연옥 · 윤선정 · 박윤미 지음

Cengage

Australia • Brazil • Canada • Mexico • Singapore • United Kingdom • United States

저자 소개

박연옥
경영학 박사
전) 아시아나항공
전) 호남대학교 항공서비스학과 교수
현) 서경대학교 인성교양대학 교수

윤선정
관광학 박사
전) 아시아나항공
현) 한양여자대학교 항공과 교수

박윤미
관광학 박사
전) 아시아나항공
현) 청주대학교 항공서비스학과 교수

항공객실업무

초판 1쇄 발행 | 2021년 3월 12일
초판 2쇄 발행 | 2023년 3월 17일

지은이 | 박연옥, 윤선정, 박윤미
발행인 | 송성헌
편집기획 | 김민정
발행처 | 센게이지러닝코리아㈜
등록번호 | 제313-2007-000074호(2007.3.19.)
주 소 | 서울시 마포구 상암산로 76 YTN 뉴스퀘어 14층
이메일 | asia.infokorea@cengage.com
홈페이지 | www.cengage.co.kr

ISBN-13: 978-89-6218-518-8

정가 22,000원

머리말

최근 항공 산업은 항공 산업 르네상스 시대라고 불릴 만큼 많은 LCC(Low-Cost Carrier)와 TCC(Tourism Convergence Carrier)가 생겨나고 있고, 다양한 노선이 개발되고 있으며, IT 기술과 더불어 최첨단 항공기가 개발되고 있습니다. 그뿐만 아니라 항공사들의 다양한 형태의 인수합병, 얼라이언스(Alliance) 운영, 코드 셰어(Code Share) 등으로 경영 환경도 지속적으로 다변화되고 있습니다. 따라서 세계 경제 변화에 가장 민감하게 반응하는 항공 산업을 이끌 미래의 주역으로 성장하기 위해서는 항공사 객실 업무에 대한 이해와 더불어 항공 산업 전체의 흐름을 이해하고 분석하는 능력을 키워야 합니다.

항공사 업무 중 항공객실업무 부분은 안전과 서비스 두 가지 업무로 크게 구분됩니다. 따라서 객실승무원은 안전과 서비스에 대한 업무를 완벽하게 이해하고 숙지하여 현장에서 직무를 수행해야 합니다. 이러한 객실승무원의 역량을 키우는 데 도움이 되고자 객실승무원 및 객실 훈련 교관으로 항공사에서 근무하였던 저자들이 최신 정보를 적용하여 항공객실업무 내용을 정리하였습니다.

본 교재는 항공사 객실승무원을 꿈꾸는 학생들에게 항공사 객실업무 및 객실승무원에 대한 지식을 전달하는 데 목적이 있습니다. 항공사 객실승무원으로 근무하기 위해서는 항공기에 대한 이해와 객실 서비스, 객실 안전에 대한 기본 지식을 가져야 합니다. 이에 2009년『항공객실업무』교재를 기본으로 하여 최신 정보를 반영하고 새로이 제작하였습니다.

항공사 객실승무원의 업무는 항공안전 보안 업무, 기내 식음료 서비스 업무, 기내 방송 등 다양한 업무로 구성되어 있습니다. 본 교재에서는 이를 총 9개의 장으로 구성하여 항공기와 객실의 이해, 항공기 객실승무원의 이해, 객실승무원의 업무 절차 및 내용, 기내 식음료 서비스, 항공안전업무의 이해, 기내 응급 상황 및 처치, 저비용 항공사와 객실 서비스, 항공사 특화 서비스, 객실 서비스와 고객 응대 요령으로 구분하여 기술하였습니다.

저자들은 본 교재가 항공객실업무에 대한 이해를 도모하는 데 도움이 되었으면 하는 마음을 담아 제작하였습니다. 저자 일동은 여러분의 꿈을 응원합니다.

2021년 3월
저자 일동

차 례

CHAPTER

1

항공기와 객실의 이해

01. 항공기의 이해

02. 항공기 구조

01

항공기의 이해

인간이 새처럼 하늘을 날고 싶어 하는 욕망으로 만들어진 것이 오늘날의 항공기이다. 처음에는 무모해 보이는 도전이었지만 현재는 550명 이상이 탑승하고 13시간 이상 동안 비행하는 최첨단의 항공기가 개발되어 운항되고 있다.

현재 전 세계 대부분의 민간 항공사들은 미국의 보잉사(The Boeing Company)와 유럽의 컨소시엄 회사인 에어버스사(Airbus SE)에서 제작하는 항공기를 이용하고 있다. 각 항공사는 항공사 경영 정책과 필요에 따라 두 항공기 제작사의 기종을 선택하여 내부 인테리어뿐만 아니라 좌석 배치 등을 설정하여 사용한다. 또한, 항공사별 고유 색상 및 CI(Corporate Identity)를 이용하여 항공기 외장을 디자인하고 도색하여 승객들의 관심을 끌기 위한 마케

대한항공 x 슈퍼엠 랩핑항공기 | Huy Thoai/Shutterstock.com

팅 도구로도 활용하고 있다. 항공사 간 사용되는 항공기 기종은 큰 차이가 없으나 항공기 외장과 내부 인테리어는 각 항공사별로 차이가 있다.

1. 항공기 정의

항공기(Aircraft)는 비행기(Airplane)를 포함하여 사람이 만들어서 대기 중에 하늘을 날아다니게 하는 모든 기구의 총칭이다. 항공 산업의 발전과 더불어 시대별 항공기의 특성을 반영하여 정의하였다. 파리 국제민간항공조약(1919년)에서는 항공기를 "공기의 반동으로 공중을 부양하는 모든 기기"라고 하였고, 1944년의 시카고 국제민간항공조약에서는 항공기를 "공기의 반동으로 공중을 부양하는 기계의 총칭으로 비행기, 비행선, 기구, 활공기가 포함된다"라고 하였다. 우리나라 항공법 제2조 제1항에서는 항공기를 "비행기(고정익), 비행선, 활공기, 회전날개항공기 및 그 밖에 대통령이 정하는 것으로 항공에 사용할 수 있는 기기를 말한다"라고 정의하고 있다.

1) 항공기 분류

항공기는 크게 용도에 의해 여객기와 화물기로 분류할 수 있고, 객실의 규모와 비행거리를 기준으로 항공기의 크기에 따라 소형/중형/대형 항공기로 분류할 수 있다.

(1) 용도에 의한 분류

▸ 여객기

사람의 이동을 목적으로 하는 항공기를 여객기(Passenger Aircraft)라 칭한다. 이는 여객을 수송하기 위하여 조종실 및 여객 탑승 공간을 가진 항공기를 말한다. 여객기에는 여객의 화물을 실을 수 있는 화물 공간이 있으나 이는 화물의 이동을 목적으로 하는 화물기와는 다른 구조이다.

▸ 화물기

화물기(Cargo 또는 Freighter)는 여객을 위한 좌석이 없으며, 화물만 수송하는 항공기를 말한다. 화물기는 조종석과 조종사들이 간단히 이용할 수 있는 갤리(Galley)가 있으나, 대부분의 구조가 화물 탑재를 위한 공간으로 이루어져 있다.

에어버스 벨루가 화물 전용기 | Dmitry Finkel/Shutterstock.com

(2) 크기에 의한 분류

항공기는 크기에 따라 소형(Narrow-body), 중형 및 대형 항공기(Wide-body)로 분류한다. 소형 항공기(소형기)는 좌석 150~180석 규모의 항공기로 최대운항거리는 6,000km이며 B737, A320, A321 등이 이에 포함된다. 중형 항공기(중형기)는 250~300석 이상의 좌석 규모로 최대 12,000km 항속거리를 가지며 B777, B787, A330, A350 등이 이에 속한다. 대형 항공기(대형기)는 승객이 가장 많이 탑승할 수 있는 기종으로 2층 구조로 되어 있으며, A380의 경우 이코노미석으로만 배치했을 때 최대 800명까지도 탑승할 수 있다. 대형 항공기의 최대운항거리는 13,000km까지 가능하며 B747, A380 기종이 이에 해당한다.

▸ 대형기

대형기는 한 번에 승객 400명 이상을 수송할 수 있으며, 13시간 이상의 비행이 가능한 장거리용 비행기이다. 대형기의 객실은 메인덱(Main Deck)과 어퍼덱(Upper Deck)으로 구성된 이층구조이며, 기내 계단을 이용하여 메인덱과 어퍼덱을 오갈 수 있다. 객실 내부에는 두 개의 복도(Aisle)가 있으며, 창가를 기준으로 좌석이 3구역으로 나누어져 있다. 또한, 대형기의 경우는 같은 기종일지라도 승객들만 탑승하는 승객 전용 항공기(PAX기)와 일반석의 절반을 화물칸으로 이용하는 항공기(Combi기)로 나누어진다. 비상구는 기종에 따라 1, 2층을 합해서 12~16개가 있으며, 왼쪽의 첫 번째 문과 두 번째 문을 출입구로 사용한다. 대표적인 대형기로는 B747, B777-300, A380 등이 이에 속한다.

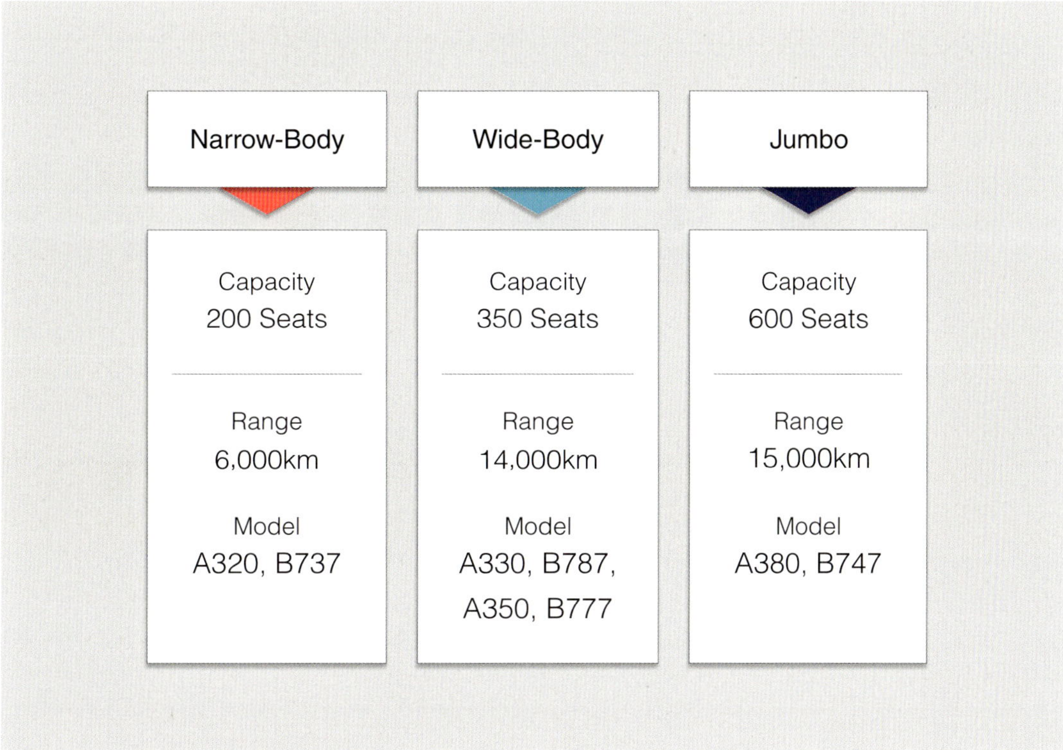

출처 | 에어프레미아(Air Premia) 홈페이지 참고

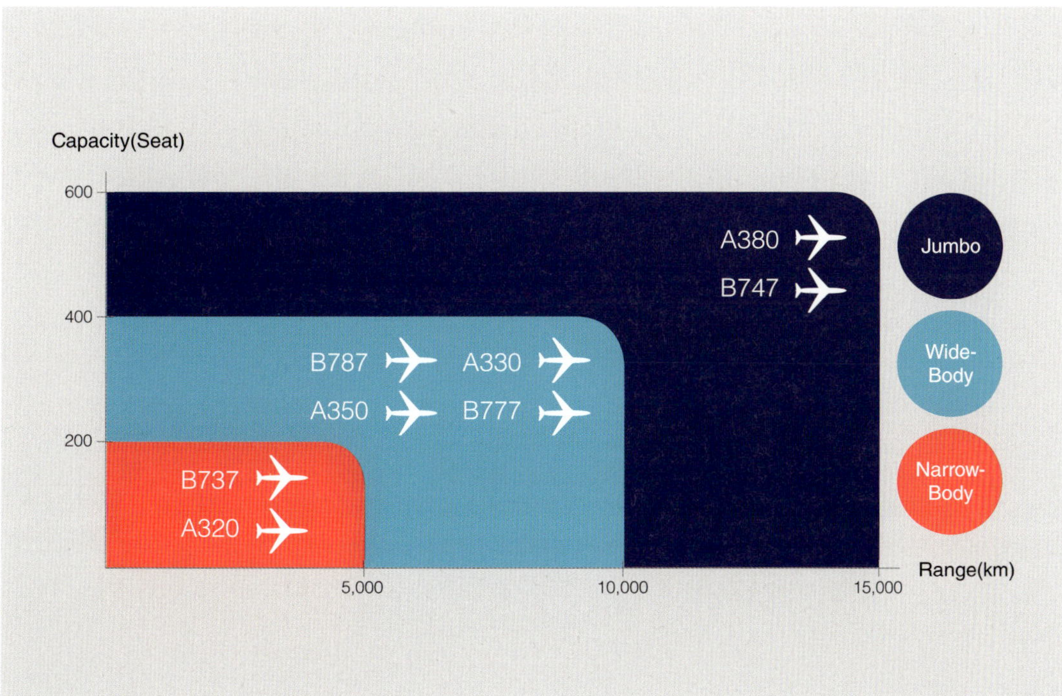

출처 | 에어프레미아(Air Premia) 홈페이지 참고

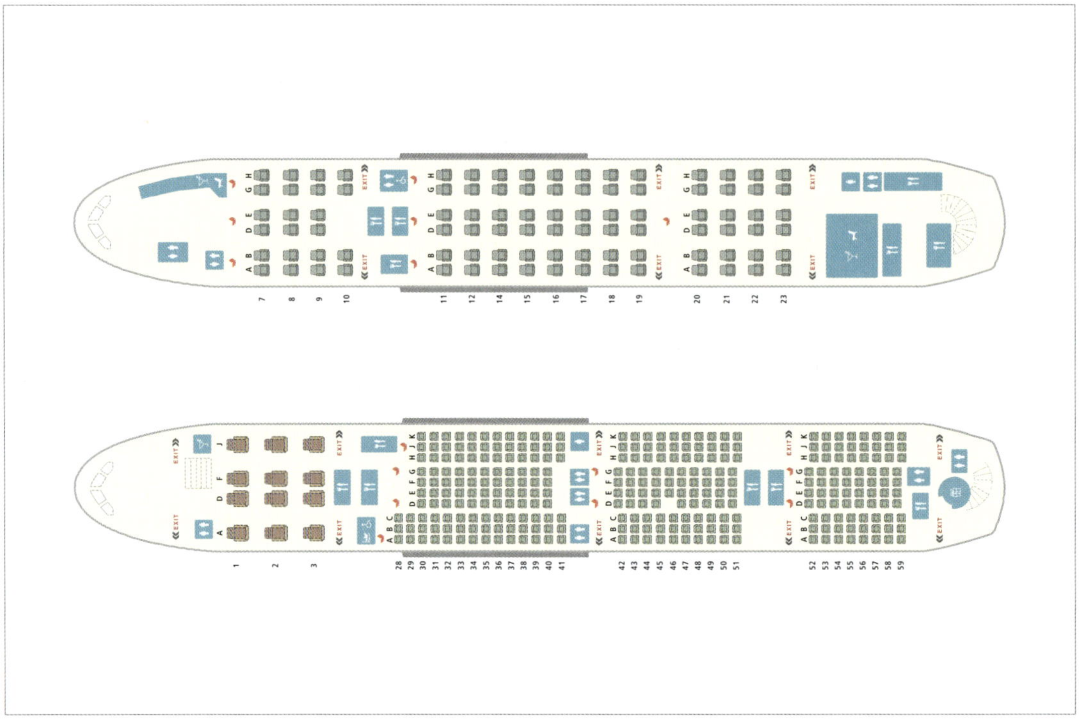

A380 좌석 배치도

▸ 중형기

중형기는 비행시간 10시간 미만의 구간에 사용되며 250~300명 정도의 승객이 탑승할 수 있다. 중형기의 경우 대부분의 항공사들은 객실을 3개의 등급(Class)보다는 2개의 등급, 즉 비즈니스석(Business Class)과 이코노미석(Economy Class)으로 구분하여 운영한다. 객실 내 복도는 대형기와 마찬가지로 두 개가 있으며, 비상구는 총 8개 정도 있다. 대표적인 중형기로는 B787, B777-200, B767, A330, A350 등이 이에 해당한다.

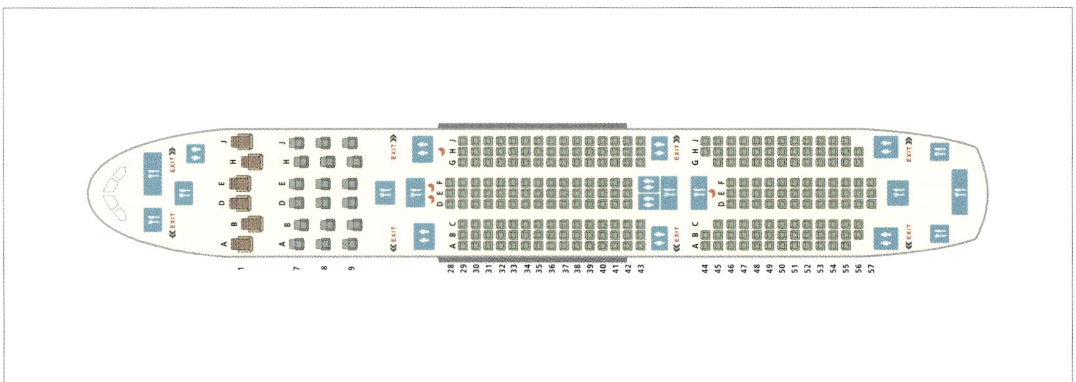

B787 좌석 배치도

▸ 소형기

소형기는 150~180명 내외 승객의 탑승이 가능하며, 주로 국내선 및 4시간 미만의 국제선에 이용되는 항공기이다. 복도는 하나만 있고, 중형기와 같이 2개의 좌석 등급으로 운영되기도 하나, 일반적으로 비즈니스석 없이 일반석으로만 운영되기도 한다. 대표적인 소형기는 B737, A320, A321 등이 이에 해당된다.

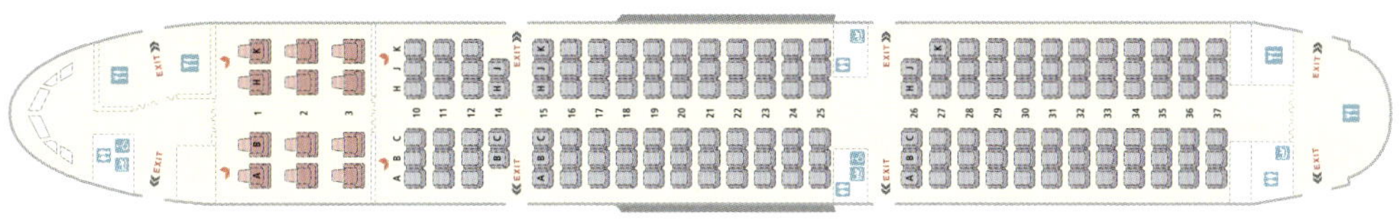

A321 좌석 배치도

2) 항공기 발달

(1) 초기의 항공기 발달

하늘을 새와 같이 자유롭게 날고 싶은 꿈을 실현하기 위해 인류는 끊임없는 노력을 해왔다. 그중에서도 지금의 항공 발달에 획기적인 계기를 마련한 사람은 이탈리아 출신의 천재 과학자이자 예술가인 레오나르도 다빈치(Leonardo da Vinci, 1452~1519)이다. 그는 새를 과학적으로 관찰하여 공중으로 뜨는 힘과 공기 저항을 연구했다. 새가 날개를 퍼덕여서 나는 모습을 보고 날개 치기 모형인 '오니토퍼(Ornithoper)'를 그려냈고, 나사(Screw)의 원리를 이용하여 하늘을 수직으로 올라가는 '헬리콥터 모형'을 고안해 내었다.

Montgolfiers Luftballon, 1783.

몽골피에 형제의 열기구

그 후 1783년 11월 21일, 프랑스 파리의 몽골피에(Montgolfier) 형제가 이륙 동력으로 양털과 짚을 태운 열기구를 이용하여 최초로 사람을 태우고 약 50m 높이로 8km를 25분간 비행하는 데 성공했는데, 이것이 열기구를 이용한 최초의 유인 비행이었다.

1799년에는 영국의 조지 케일리(Sir George Cayley)라는 과학자가 양력과 항력이라는 공기 역학 개념을 이용하여 모형 글라이더 구조를 디자인하고, 1804년에 최초로 모형 글라이더를 날리는 데 성공하였다. 또한, 1810년에는 공중 비행에 관한 연구에서 날개 치기 방식이 아닌 기계적 방식에 의한 비행 가능성을 발표하였는데, 이 연구는 오늘날의 양력 발생 원리와 거의 동일한 내용으로 설명한 것이다.

(2) 동력 비행

인간이 새처럼 날고 싶어 하던 소망은 1903년 인류 역사상 최초로 동력을 이용한 항공기를 제작한 미국의 라이트 형제에 의해 비로소 실현되었다. 1903년 12월 17일 라이트 형제는 가솔린 엔진을 장착한 Flyer 1호로 12초 동안 36m를 비행하는 데 성공하였다. 이것이 동력으로 움직이는 최초의 유인 비행기가 된 것이다. 이어 1909년에는 프랑스의 루이 블레리오(Louis Bleriot)가 항공기의 원형이라고 할 수 있는 단엽식 홑날개 형식으로 변형하여 영국과 프랑스 해협 40km를 32분 동안 비행함으로써 장거리 비행에 성공하였다.

라이트 형제의 Flyer호

(3) 근대적 민간항공기

근대 민간항공 산업은 제1, 2차 세계대전과 더불어 군사 목적의 항공 공업 기술의 발달에 따라 항공기의 대량생산이 가능해지며 비약적인 발전을 하게 되었다.

최초의 제트여객기는 1949년 영국의 드 해빌랜드사(De Havilland)가 설계하고 제작한 코메트(Comet)이다. 영국의 영국항공(BOAC)은 런던-요하네스버그 구간을 최초의 제트여객기인 코메트로 취항하였다. 이 항공기는 4명의 승무원, 36명의 승객으로 아주 적은 인원만 이 탑승할 수 있었고, 시속 780km, 운항거리는 2,400km였다. 그러나 1953년 5월, 기체 공중분해 사고와 1954년, 2건의 공중폭발 사고가 발생함에 따라 코메트 항공기의 안정성에 문제가 나타났다. 이는 비행기를 만들 때 피로(Fatigue) 개념이 없어 비행기 창문이 네모 모양으로 만들어졌기 때문이다. 이는 항공기가 지상과 상공을 반복하여 이동하며 기압 차가 누적되어 동체에 피로가 쌓여 유리창에 균열이 생기면서, 이 균열이 점점 커지며 항공기가 공중폭파되는 것이었다. 이 사고 이후 지금의 항공기와 같이 항공기의 창문은 둥근 모양의 창문이 사용되고 있다.

1954년 7월 미국 보잉사의 B707 제트여객기가 첫 비행에 성공하며, 1958년 10월에 팬아메리칸월드(팬암) 항공사가 뉴욕–파리 간 대서양 횡단노선을 취항하게 된다.

B707은 약 200명이 탑승 가능한 항공기로, 넓은 내부공간과 개인 독서등, 산소마스크 등 기본적인 필수 장비들을 구비하였으며 본격적으로 항공 산업의 발전을 가져오게 되었다.

한편 1962년 영국과 프랑스가 최초의 마하 2.2(시속 2,000km)인 초음속 항공기 콩코드기(Concorde)를 개발하고, 3월 2일에 시험비행에 성공하였다. 콩코드기는 1976년 대서양 노선(런던–뉴욕, 파리–뉴욕)에 취항하기 시작하였다.

현재에는 기존의 항공기보다 더 많은 여객과 화물을 수송할 수 있는 초대형 항공기 개발에 주력하고 있다. 1903년 라이트 형제가 동력을 이용한 비행에 성공하며 발전한 항공기는 100년이 넘는 시간 동안 발전을 거듭하여 음속의 벽을 넘어 초음속 여객기가 출현하게 되었고, 최대 853명까지 탑승 가능한 초대형 여객기인 A380이 항공 수송의 새로운 역사를 만들어 가고 있다. 보잉사 또한 B787 개발을 통해 동급 항공기보다 연료 소모를 20%나 절감시키는 혁신적인 기술의 발전을 보이고 있다.

초음속 항공기 콩코드기 | Dennis Kartenkaemper/Shutterstock.com

02

항공기의 구조

1. 항공기의 외부 구조

항공기는 공중으로 뜨기 위해 수직으로 부양하는 양력(Lift)과 항공기 자체 무게 및 지구 중심으로 아래로 작용하는 힘인 중력(Gravity), 항공기가 날아가려는 방향으로 끌어주는 힘인 추력(Thrust), 항공기가 나아가려는 것에 저항하는 힘인 항력(Drag)의 원리를 이용하여 운항하게 된다. 이러한 힘들은 항공기의 동체, 주 날개, 꼬리날개, 엔진, 랜딩기어를 이용하여 발생시키거나 감소시키며 운항할 수 있는 것이다.

1) 동체

항공기의 동체는 항공기의 가장 큰 면적을 차지하는 부분으로 가장 앞쪽에 조종실(Cockpit)이 있고, 승객이 탑승하는 객실(Cabin), 화물이 탑재되는 화물칸(Cargo)까지를 동체라고 한다. 항공기를 구분할 때 날개, 엔진, 기어를 제외한 부분을 총칭한다.

InsectWorld/Shutterstock.com

2) 주 날개

항공기가 하늘을 날 수 있는 여러 요인 중 주로 양력 원리를 이용하여 부양하는 항공기 날개의 역할은 매우 중요하다. 양력을 이용하여 부양하는 역할을 하는 항공기 날개를 주 날개(Main Wing)라고 칭한다. 날개는 동체 가운데 양옆으로 크게 두 개로 나누어져 있으며, 보조익(Aileron), 플랩(Flap), 스포일러(Spoiler), 윙릿(Winglet)으로 구성되어 있다. 주 날개의 내부 공간은 항공 연료를 보관하는 연료 저장 탱크의 역할을 한다.

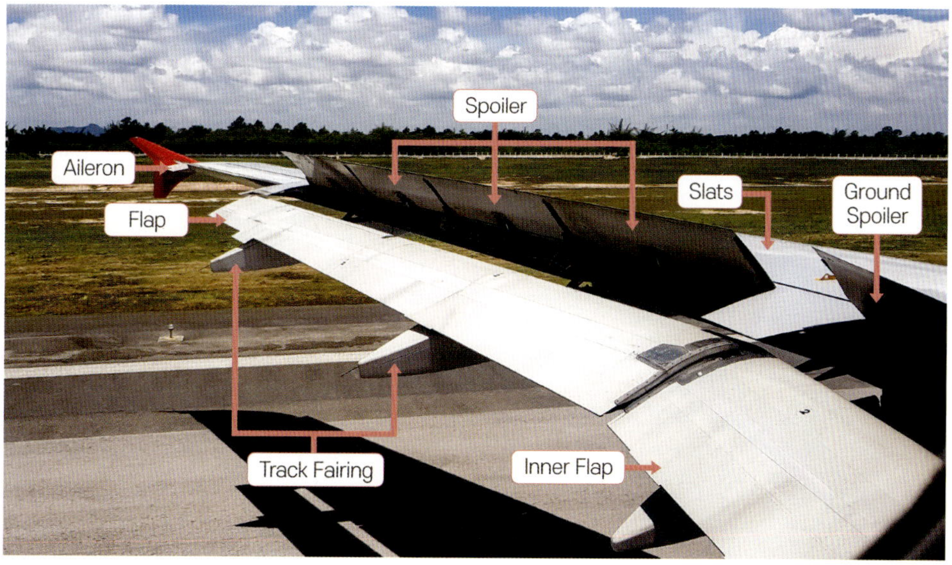

(1) 보조익

보조익, 즉 Aileron은 양쪽 날개에 부착되어 항공기 기체가 좌우로 조정하며 꼬리날개의 방향타(Rudder)와 같이 사용하여 항공기가 선회하며 기체의 좌우 안정을 돕는 날개이다.

(2) 플랩

플랩은 주 날개 앞뒤에 장착되어 있으며, 저속에서 양력을 증대시키기 위한 장치로 주로 항공기의 상승과 하강 비행을 도와주는 장치이다. 이 장치는 항공기가 이착륙할 때 저속에서도 많은 양의 양력을 얻어서 이착륙을 위한 활주로 거리를 짧게 할 수 있다.

A380 기종의 Flap | Vytautas Kielaitis/Shutterstock.com

(3) 스포일러

항공기의 양력을 감소시키는 장치를 스포일러라고 한다. 스포일러는 공중에서 빠른 하강을 할 때 사용되며, 착륙 및 활주 시에는 공기저항을 증가시켜 활주로에서 항공기 브레이크(Brake) 역할을 하는 제동작용을 한다.

(4) 윙릿

항공기 주 날개 끝에 수직으로 부착된 작은 날개를 윙릿이라고 한다. 윙릿은 날개 끝에 발생하는 소용돌이에 의한 유도항력을 감소시키는 것으로 항력을 감소하게 하여 연료 절감에 효과가 있다.

Markus Mainka/Shutterstock.com

3) 꼬리날개

꼬리날개(Tail Wing)는 항공기의 균형 유지와 이착륙 시 좌우 방향 전환 작용에 이용된다. 꼬리날개는 항공기 이착륙 시 활주로에서 방향 조정과 기수의 상하 조정의 역할을 하는 수평안전판(Horizontal Stabilizer), 수직안정판(Vertical Stabilizer)으로 구성되어 있다.

B747 기종의 Tail Wing | Carlos Yudica/Shutterstock.com

4) 엔진

엔진은 항공기가 비행하는 데 필요한 양력과 추진력을 발생하는 장치이다. 엔진은 대부분 항공기 동체 옆이나 주 날개에 장착되어 있으나 항공기 기종마다 차이는 있다. 항공기 양

A380 기종의 엔진

랜딩 기어 | Ryan Fletcher/Shutterstock.com

력 및 추진 이외에 엔진을 시동시키거나 지상에서 전기를 공급하기 위해서는 보조동력장치(Auxiliary Power Unit: APU)를 사용하여 항공기 비행에 필요한 전기를 공급하기도 한다.

5) 랜딩기어

랜딩기어(Landing Gear)는 항공기가 지상 이동할 때와 이착륙할 때 사용된다. 항공기 전방에 노즈기어(Nose Gear), 동체 중간에 2개 조의 메인 랜딩기어(Main Landing Gear)가 있다. 노즈기어는 항공기 균형과 방향 전환의 역할을 하며, 메인 랜딩기어는 항공기의 균형 유지, 충격 흡수 및 제동작용을 한다. 항공기가 이륙 후 순항 고도에 진입하게 되면 랜딩기어는 동체 안으로 접었다가, 착륙 5분 전 기장의 랜딩 사인(Landing Sign)과 함께 다시 동체에서 펼쳐진다.

2. 항공기 객실 내부 구조

1) 객실 구조

항공기는 전 세계적으로 미국 보잉사와 유럽의 에어버스사 등 2곳에서 제작되어 공급되므로 항공사별 차이는 크게 없다. 그러나 객실의 내부 인테리어와 그 구성은 항공사의 주문에 의해 맞춤 제작되는 방식이다. 항공기 기종별로 기본적인 외형과 구조는 다르지 않지만, 내부 인테리어, 즉 객실 등급별 좌석의 배치 및 설비, 갤리의 배치 등은 항공사별 서비스 특성에 맞추어 개성을 나타낸다.

대한항공 A380 기종의 객실 내 면세품 전시장

항공기의 객실은 대형 항공기의 경우 크게 1층의 메인덱(Main Deck)과 2층의 어퍼덱(Upper Deck)으로 나누어진다. 메인덱의 앞부분인 A 구역(Zone)은 상위 등급인 일등석으로 운영되며, 뒷부분은 B, C, D, E 구역으로 나뉘어 일반석(이코노미석)으로, 그리고 2층의 어퍼덱은 이등석(비즈니스석), 또는 이등석과 일반석으로 운영되는 것이 보통이다.

또한, 각각의 객실 등급별로 객실승무원의 업무 공간인 갤리와 비상구, 화장실, 승객 좌석, 승무원 좌석 등으로 구성되어 있다.

2) 객실 등급

불리는 객실 등급의 명칭은 항공사별로 조금씩 차이가 있다. 항공사별로 항공사 국적의 특징과 항공사 이미지를 살려 차별화하여 객실 등급을 나누고 있으나 크게 3가지 등급으로 나누어진다. 일등석, 이등석, 일반석 등 3가지 등급이 모두 운영되기도 하고, 기종 및 해당 노선의 특성에 따라 2개 등급 또는 1개의 등급으로도 운영되기도 한다.

(1) 일등석

일등석(First Class)은 12명의 승객을 기준으로 만들어진 독립된 공간으로, 좌석 간의 간격이 넓고 좌석 등받이가 180도로 젖혀서 편안하고 쾌적한 여행을 할 수 있다. 일등석은 전용 바(Bar)가 설치되어 있으며, 편안한 휴식을 위해 편의복 및 슬리퍼가 제공되며, 뒤베(Duvet)라고 하는 푹신한 거위 털 이불(까는 이불, 덮는 이불, 베개로 구성)이 제공된다. 또한, 각각의 좌석 간 개인 공간 확보를 위하여 인체공학적 설계를 통해 편안하고 안락한 느낌을 받을 수 있게 하였다. 이러한 좌석 1개의 설치 비용만 1억 원에 달한다. 길이 83인치(2m 10cm)

에미레이트 항공사의 일등석 좌석
| Arnold O. A. Pinto/Shutterstock.com(좌), M101Studio/Shutterstock.com(우)

로 넓은 좌석과 개인의 프라이버시를 강조한 칸막이를 설치하고, 사용자의 편의를 최대한 고려해 주문형 오디오/비디오 시스템(AVOD) 및 인터넷 서비스를 이용할 수 있도록 배치하여 내 집처럼 편안한 가운데서 서비스를 즐길 수 있다.

(2) 이등석

이등석(Business Class/Prestige Class)은 보통 비즈니스석이라고 부르며 총 32~40석 정도를 기준으로 구성되어 있다. 일반석보다 좌석 배치(Seat Configuration)에 여유가 있어서 편안한 여행을 할 수 있다. 또한 좌석 등받이는 일등석과 일반석의 중간 정도로 뒤로 젖히게 조절할 수 있다. 최근 장거리 여행에 좁은 공간에 장시간 여행하는 승객들에게 생기는 일반석 증후군(Economy Class Syndrome)의 발생과 더불어 항공사의 마케팅 전략에 초점이 되는 좌석 등급이다.

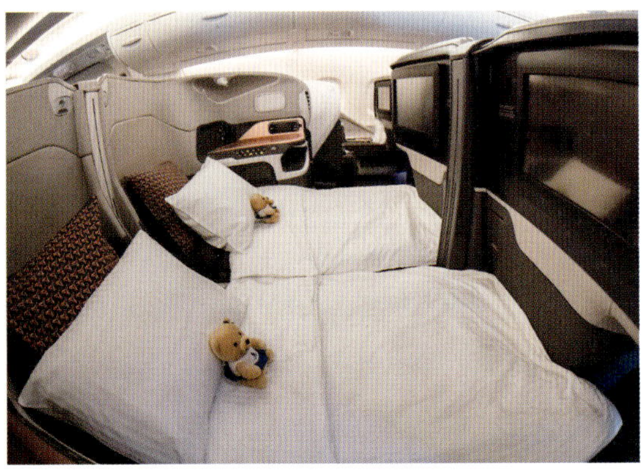

싱가포르항공이 최근 도입한 A380 비즈니스석 | Agent Wolf/Shutterstock.com

(3) 일반석

일반석인 이코노미석(Economy Class)은 기종에 따라 차이가 있으나 소형기는 100~150명 정도, 중형기는 200명, 대형기는 300명 이상 탑승할 수 있다.

최근 도입되는 항공기에는 각각의 좌석 앞에 개인용 모니터가 설치되고, 각종 편의 시설이 늘어나는 추세이다. 그동안 일부 일등석과 이등석 승객에게만 제공했던 주문형 오디오 · 비디오 시스템(AVOD)을 전 좌석에 장착하게 되어 이코노미석에서도 영화와 음악, 게임, 인터넷, 취항지 정보 등 다양한 부가서비스를 제공받을 수 있게 되었다.

Lufthansa A380 기종의 이코노미석 | Belish/Shutterstock.com

3) 객실 시설

(1) 승객 관련 시설

▶ 좌석

항공기 내 좌석은 크게 승무원용 좌석과 승객용 좌석으로 구분된다.

객실승무원의 좌석은 Jump Seat라고 부르며, 비상시 승무원의 역할 수행을 위해 각 비상구 옆에 설치되어 있다. 사용하지 않을 때나 비상 탈출 시를 대비하여 자동으로 접히도록 제작되어 있다. Jump Seat 밑에는 비상시 사용할 수 있는 플래시 라이트(Flash Light), 승무원용 구명조끼 등이 구비되어 있다.

승객용 좌석은 등급별로 차이가 있다. 좌석 등급별로 좌석 간의 간격과 좌석의 넓이에 차이가 있다. 좌석의 간격은 앞 좌석 팔걸이 끝에서 뒷좌석 팔걸이 끝까지의 간격을 일컬으며, 'Seat Pitch'라고 한다. 이 Seat Pitch에 의해 좌석 등급이 결정되는데, 보통 일등석은 57인치, 일반석은 28인치 정도이다. 그러나 더 나은 서비스를 제공하기 위한 항공사들의 노력으로 항공사별 좌석의 간격은 다소 차이를 보이는데, 좌석의 간격을 넓히게 되면 수용인원이 작아져 항공사 수입에 영향을 주지만, 편안한 좌석에 대한 승객들의 욕구를 충족하는 것이 장기적인 고객 확보를 위한 방법이므로 항공사들은 좌석 수를 줄여 승객들의 좌석 공간을 확대하여 안락함을 높이고 있다. 또한, 항공 여행객들에게 기내에서의 여가 시간 활용 방법에 변화를 줄 수 있는 다양한 서비스와 시설을 갖추기 위한 노력을 하고 있다.

대한항공은 누에고치(코쿤, Cocoon) 안에서 휴식을 취하는 것 같은 편안하고 안락한 개념의 항공기 좌석을 개발하여 일등석에 좌석 1개 길이가 2m 10cm로 안락함을 강조한 코쿤 스타일의 슬리퍼 시트(Sleeper Seat)를 장착하였다. 이 좌석의 설치 비용은 개당 1억 원에 달한다. 코쿤형 일등석은 폭이 30인치(약 76.2cm)로, 프라이버시 보호를 위해 설치된 칸막이 안에서 첨단 오디오·비디오 시스템과 인터넷 서비스를 이용할 수 있도록 되어 있다.

영국항공(British Airways)은 5억 파운드를 투입하여 기존의 일등석과 이등석에 한 열당 2개 좌석이었던 배치를 1개 좌석으로 개조하여 침대 좌석을 승객들에게 제공하고 있다. 싱가포르항공은 항공사 중 최초로 2인용(Double Bed) 좌석을 이등석에 도입하였다. 일명 '스페이스 베드(Space Bed)'인 이 좌석은 길이 78인치(198cm), 폭 27인치(68cm)의 공간이 제공된다. 이 좌석은 거의 반듯하게 180도에 가깝게 누울 수 있게 되어 있어 옆의 좌석과 함께 폭 4.5인치(135cm)의 2인용 침대 좌석을 만들 수 있다. 또한, 개인의 프라이버시를 지킬 수 있는 칸막이 설치로 공간을 분리할 수도 있다.

항공기 객실 내 좌석 밑에는 비상시에 사용할 수 있는 구명조끼가 구비되어 있으며, 좌석 팔걸이에는 기내 편의 시설 조절 장치인 PSU가 있어 좌석에 앉아서 독서등, 승무원 호출 버튼 등을 사용할 수 있도록 되어 있다.

Agent Wolf/Shutterstock.com

▸ PSU

PSU(Passenger Service Unit)는 승객 좌석 팔걸이에 부착된 기내 편의 시설 조절 장치이다. 좌석 등받이 젖힘 단추(Seat Reclining Button), 독서등(Reading Light), 승무원 호출 버튼, 기내 영화와 오디오를 감상할 때 사용하는 채널, 볼륨 조절 단추 등이 부착되어 있다. 보통의 위치는 좌석 팔걸이 또는 모니터 아래에 부착되어 있으나 독서등, 각종 지시 사인(금연, 좌석벨트 착용 사인) 등은 좌석 위쪽에 부착되는 경우도 있다.

PSU

▸ 개인용 모니터

좌석에 장착된 개인용 모니터는 다양한 영화, 음악, 게임 등 지루한 장거리 비행시간을 활용할 수 있는 시스템이다. 기존의 항공기에는 일등석과 이등석에 개인용 모니터가 구비되어 있었고, 일반석에는 각 구역에 대형 스크린이 설치되어 2편의 영화와 짧은 단편물, 뉴스 등이 상영되었다. 하지만 2000년대 이후 일반석에도 개인용 모니터가 좌석 앞에 구비되어 다양한 종류의 영화와 단편물, 음악, 게임 등을 즐길 수 있도록 되었다.

개인용 모니터 | Sorbis/Shutterstock.com

▸ 기내 전화

항공기 내에서는 위성을 이용하여 전화를 사용할 수 있다. 기종별로 위치는 다르지만, 신용카드를 사용하여 이용할 수 있다. 일반 전화와는 비용 계산 기준이 달라 상대적으로 비싼 요금이다.

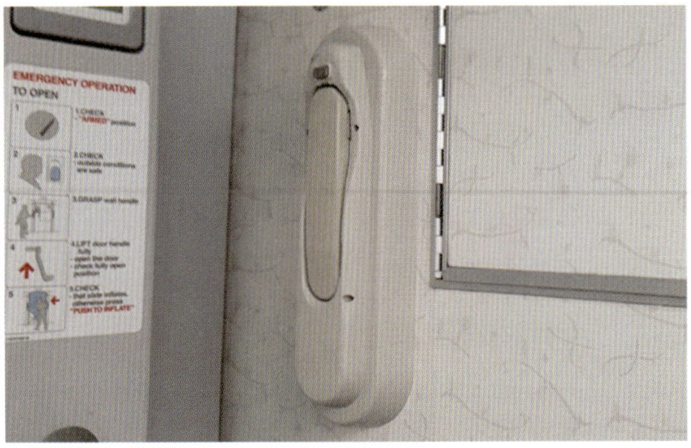

기내 전화

▸ 선반

승객의 좌석 위쪽에 장착된 선반(Overhead Bin)에는 승객의 가벼운 짐과 옷 등을 보관한다. 기종별로 차이가 있으나 손잡이에 손을 대면 자연스럽게 내려오는 방식과 손잡이를 위로 올리면 선반의 뚜껑이 위로 열리는 방식이 있다. 선반의 앞쪽에는 좌석번호가 기재되어 있다.

▸ 화장실

과거의 항공기 내 화장실(Lavatory)은 항공사별로 특별한 차이가 없었지만, 1996년 5월 일본항공(Japan Airline)이 장거리 국제선 일등석 승객들을 위한 초호화 화장실을 설치하면서부터 각 항공사들은 화장실에 새로운 형태의 실내장식을 해서 차별성을 두고 있다. 일본의 JAS 항공사(Japan Air System)는 여성 전용 화장실에 꽃무늬로 디자인한 여성용 향수와 화장품을 구비하여 운영하고 있고, 대한항공 역시 여성과 장애인을 위한 전용 화장실을 만들어 장거리 여성 승객을 위한 클렌징 티슈, 여성 전용 로션 및 기초화장품을 구비하고 있다.

기내 화장실은 워터 Water Flushing Type과 Air Vacuum Type이 동시에 이용되고 있으나 대부분의 항공기는 Air Vacuum Type으로 운영된다.

topimages/Shutterstock.com

(2) 승무원 관련 시설

▸ 도어 제어장치

항공기 도어(Door) 중에 일부는 평상시에 승객 탑승과 하기(Deplane) 및 기내 서비스 물품 탑재와 하기를 위해 사용된다.

그러나 비상시에는 모든 도어가 비상 탈출구(Emergency Exit)로 사용된다. 따라서 항공기 도어 주변에는 객실승무원이 비상시에 사용할 수 있는 각종 비상 장비가 탑재되어 있다. 또한 도어에도 비상시 비상 탈출에 사용될 수 있는 슬라이드(Slide)가 부착되어 있다.

paul prescott/Shutterstock.com

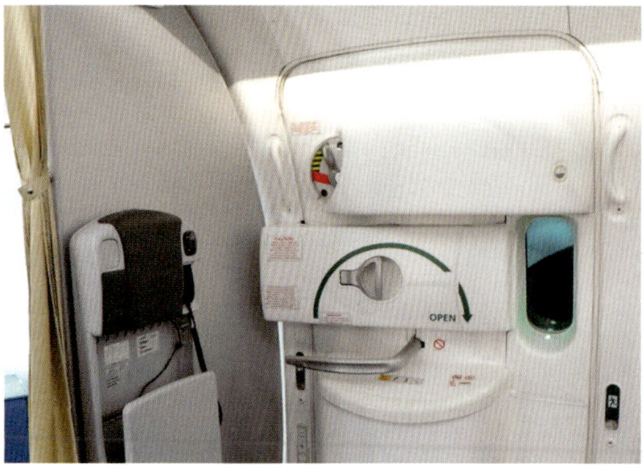

Jordan Tan/Shutterstock.com

항공기 도어는 항공기 안에서와 밖에서도 모두 여닫을 수 있다. 그러나 비상시를 위한 슬라이드 모드(Slide Mode)를 설정하고 오작동하여 도어를 열게 되면 슬라이드가 부풀려지는 등 사고가 발생할 수 있어 외부에서 여는 것을 원칙으로 하고 있다.

항공기 출발을 위해 문을 닫으면 제일 먼저 승무원들은 각 도어의 슬라이드 제어 장치를 비행 모드로 바꾸고, 항공기 도착 후 도어를 열기 전에는 반드시 슬라이드 위치를 그라운드 모드(Ground Mode)로 바꿔야 한다.

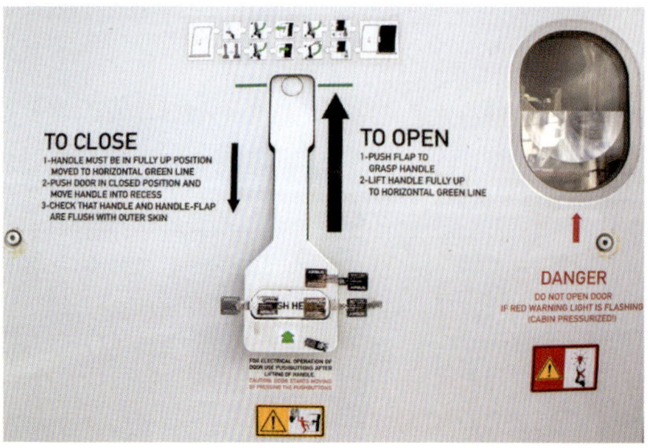

VDWimages/Shutterstock.com

depaz/Shutterstock.com

▶ Jump Seat

승무원의 좌석은 비상구 주변에 있으며, 비상 탈출 시 방해가 되지 않도록 접이식으로 만들어져 있다. 사용하지 않을 때는 저절로 접히고 사용할 때는 좌석을 밑으로 내리면 된다. 승무원 좌석 주변에는 인터폰과 비상 장비, 패널, 그리고 승무원용 산소마스크, 구명조끼, 플래시 라이트 등 비상 장비가 구비되어 있다.

▶ 갤리

갤리(Galley)는 각종 서비스 물품을 보관하고 승객에게 제공되는 서비스를 준비하는 곳이다. 이 공간은 승무원이 작업하는 동안에는 커튼을 쳐서 객실과 분리하여 이용하고, 이착륙 시에는 커튼을 걷어서 고정시켜야 한다. 이 공간은 크게 기내 서비스 용품을 보관하는 공간과 기내 식음료 서비스 등 각종 기내 서비스를 제공할 수 있도록 보조하는 장치들로 구성되어 있다.

지상에서 케이터링(Catering)된 식음료 및 각종 기내 서비스 용품을 보관하고, 이것들을 이륙 후 비치된 냉장고, 오븐, Galley Compartment, 냉장고, 커피메이커, Water Boiler를

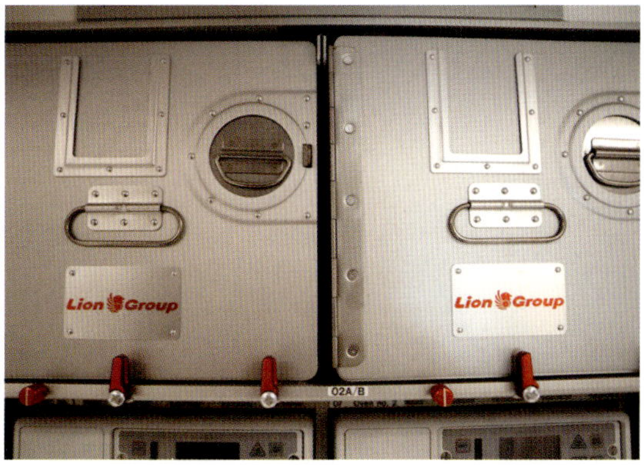

Galley Compartment | KITTIKUN YOKSAP/Shutterstock.com

Water Boiler와 오븐

이용해 차갑게 제공할 것은 차갑게 하여 서비스하고, 뜨겁게 데워서 제공할 것은 뜨겁게 하여 서비스한다. 복층으로 이루어진 항공기의 경우 갤리 간에 엘리베이터가 있어 기내 서비스 용품을 상호 공유한다.

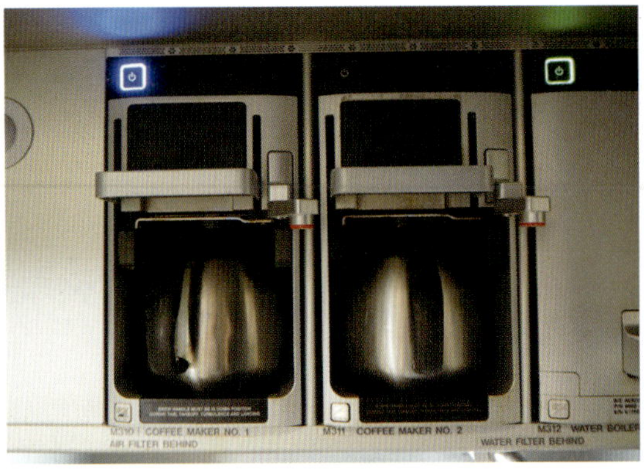

커피메이커

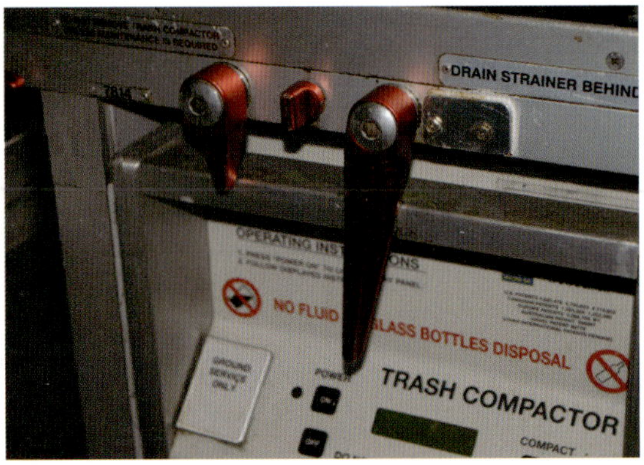

Trash Compactor | Louis.Roth/Shutterstock.com

▸ 크루 벙크

크루 벙크(Crew Bunk)는 운항승무원 및 객실승무원들이 장거리 비행 중 교대로 휴식을 취할 수 있는 휴식 공간이다. 보통은 객실 뒤편 2층에 위치하고 있다.

총 8개의 침대가 2층으로 되어 있으며, 이곳에도 항공기라는 특수성 때문에 안전벨트, 비상 장비, 인터폰 등이 있다. 이곳에서 승무원들은 장거리 비행 중 2교대로 나뉘어 음악 감상, 독서, 수면 등 간단한 휴식을 취할 수 있다.

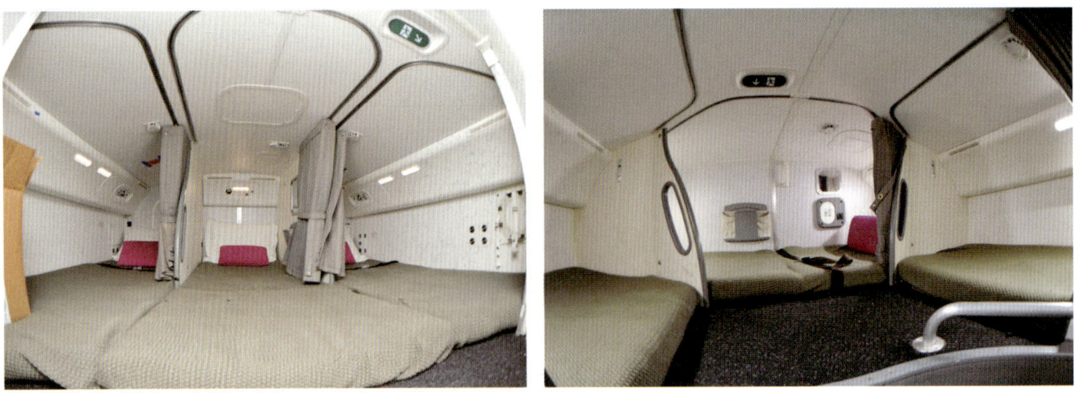

Boeing 787 Dreamliner의 크루 벙크 | Jordan Tan/Shutterstock.com

▸ PA

PA System(Public Address System)은 객실승무원 및 운항승무원이 항공기 내 비행 정보를 비롯하여 각종 기내 방송을 전달할 때 사용되는 기기이다. 대부분 항공기의 PA는 Handset으로 구성되어 있다. PA를 이용하여 기내 전 구역 또는 기내 특정 구역을 한정하여 기내 방송을 할 수 있으며, 승무원 간에 의사소통을 위해 호출할 때도 사용된다.

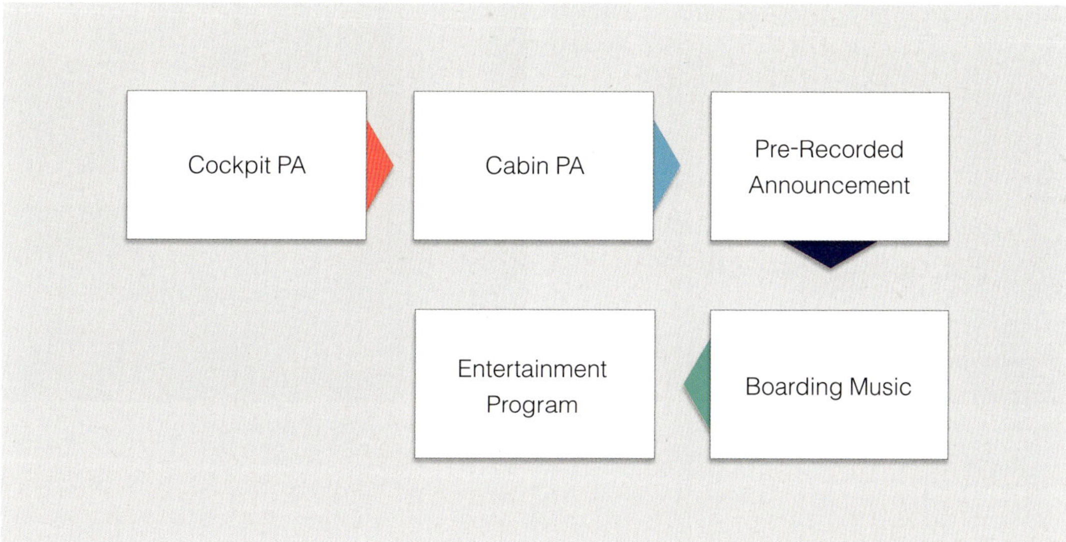

표 | PA 우선순위

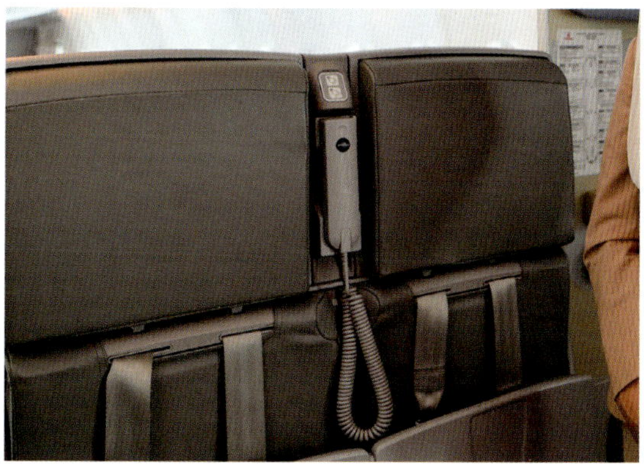

Sorbis/Shutterstock.com

승객들은 헤드폰을 사용하여 음악이나 영화를 감상하는 중이더라도 운항승무원, 객실승무원의 기내 방송이 실시되는 경우에는 기내 방송이 우선순위이므로 음악이나 영화는 중단되고 기내 방송이 헤드폰을 통해 전달된다.

▸ 제어장치

기내에서 제공되는 음악, 영화, 게임 등 각종 엔터테인먼트 서비스에 관련된 제어장치(Control System)가 항공기 전방 사무장 좌석과 가까운 곳에 설치되어 있다. 또한, Air Show, 기내 온도 조절, 기내 조명을 다룰 수 있는 제어장치가 기종별로 차이가 있지만 대부분 승무원 좌석 주변에 있다.

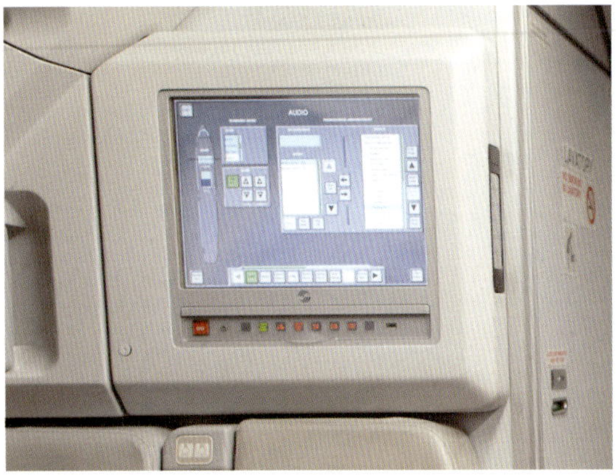

Attendant Panel | Sorbis/Shutterstock.com

RUBEN M RAMOS/Shutterstock.com

항공기 내 적정온도는 23~24°C로 맞추어야 한다. 각 구역별로 온도 조절이 가능하기에 환자가 있거나 승객들이 불편할 경우에는 조절해야 한다. 또한, 승객 대부분이 취침할 때에는 조금 높은 온도와 어두운 조명으로 조절해야 한다.

CHAPTER

2

항공기 객실승무원의 이해

01
객실승무원의 개요와 역사

1. 객실승무원의 개요

'항공기 승무원'이란 운항승무원과 객실승무원을 통합하여 칭한다. 운항승무원(Cockpit Crew)은 항공기를 조종하는 승무원을 말하며, 기장(Captain)과 부조종사(First Officer)로 나뉜다. 그리고 객실승무원(Cabin Crew)은 항공기 내에 탑승하여 비상시 탈출과 안전업무

루프트한자 항공사의 운항승무원과 객실승무원 | Sergey Kohl/Shutterstock.com

를 수행하고 승객의 쾌적한 여행을 위한 서비스를 제공하는 사람을 의미하며, 근무 연한과 직급에 따라 임무가 구분된다.

국제항공운송협회(International Air Transportation Association: IATA)의 기준과 항공법에 따르면 승객 50명당 1명의 객실승무원이 탑승하는 것을 원칙으로 하고 있으며, 객실승무원을 "비상 탈출 및 안전업무와 승객 지원 및 기내 서비스 업무를 수행하는 사람"으로 정의하고 있다. 항공사 객실승무원의 업무 중 비상 탈출 시의 승객 안전을 책임지는 업무를 우선순위로 하며, 비상 탈출 및 안전업무와 함께 평상시 기내의 쾌적하고 편안한 서비스를 제공하는 것 또한 객실승무원의 역할이기도 하다. 항공사 객실승무원은 성별에 따라 여성은 Stewardess, 남성은 Steward라고 하며, 현재는 성별과 상관없이 Cabin Crew 또는 Flight Attendant로 혼용하여 사용하고 있다.

2. 객실승무원의 역사

항공 객실승무원의 역사를 살펴보면 세계 최초의 상업 운항을 시작한 독일 항공사인 델라그(Delag)사에서 1912년 비행선 체펠린에 탑승한 것이 시초이다. 24세의 청년 하인리히 쿠비

하인리히 쿠비스(뒷줄 오른쪽 네 번째에 서 있는 검은색 정장 인물)

스(Heinrich Kubis)는 프랑스 파리와 영국 런던의 호텔에서 근무한 경험을 바탕으로 비행선 승객의 식사 제공 등 객실 서비스를 담당하였다. 당시 쿠비스가 탑승했던 것은 고정익 항공기가 아닌 비행선(Airship)이었다. 고정익 동력 비행체는 미국에서 발명되어 발달하였지만, 그 이전 유럽에서는 비행선 중심으로 항공교통이 발달하였다.

초창기에는 쿠비스 단 한 사람만 비행선에 승선해 업무를 수행했으나, 점차 일이 늘어나면서 요리사와 보조 업무 등을 담당하는 사람들이 함께 승선하면서 72인승 힌덴부르크(Hindenburg)호의 경우에는 10명에서 15명의 승무원이 함께 동승하기도 했다.

1937년 5월 6일 힌덴부르크호가 화재로 인해 추락하는 사고가 발생했을 때 쿠비스는 마지막까지 비행선에 남아 승객들을 대피시키고 마지막에 자신도 무사히 탈출해, 여러 면에서 현재의 항공안전(Aviation Safety)과 관련하여 객실승무원의 임무와 역할을 제시했던 것으로 인정받고 있다.

비행기가 아닌 비행선에 탑승했던 쿠비스 이후, 1928년 독일의 루프트한자(Lufthansa) 항공사에서는 베를린-파리 노선에 남성 승무원(Steward)을 객실 전문 요원으로 탑승시켰다. 이는 당시 유럽에서는 고급 저택의 집사와 같이 고급 서비스는 남성이 담당해왔기 때문에 여성보다는 남성 객실승무원이 먼저 탑승하게 된 것이다.

그 후 항공운송 역사상 여성 객실승무원 1호는 현재의 유나이티드 항공(United Airline)의 전신인 보잉항공수송회사(Boeing Air Transport Co.)에서 1930년에 간호사 앨런 처치(Ellen Church)를 채용한 것이 시초가 되었다. 앨런 처치는 미국 아이오와주 출신의 간호사였다. 앨런 처치는 보잉사의 조종사로 취업하길 희망했으나 거절당하자 "간호사가 비행기 내에 탑승하면 일반인들의 비행 공포를 줄이는 데 도움을 줄 것"이라며 항공사를 설득했고, 결국 승낙을 받아내고, 객실 1개월 탑승 조건부로 고용되었다. 1930년 5월 15일 앨런 처치 승무원이 탑승한 이후 승객들의 긍정적인 반응에 따라 7명의 객실승무원이 더 채용되어, 미국 국내선에 간호 자격증을 소지한 8명의 간호사가 근무를 시작하며 객실승무원 제도가 활성화되었다. 그 당시에는 현재의 스튜어디스(Stewardess)라는 호칭 대신 에어 호스티스(Air Hostess), 또는 에어 걸(Air Girl)이라고 불렀다. 당시에는 항공기 내부가 좁고 높이가 낮았기 때문에 객실승무원의 신체 자격 조건을 신장 162cm, 몸무게 52kg 이하로 제한하였다.

유럽 최초의 여성 승무원은 넬리 디너(Nelly Hedwig Diener)로 1934년 5월 스위스 에어(Swissair)의 객실승무원으로 채용돼 유럽 최초의 객실승무원이 되었다.

최초의 흑인 여성 객실승무원은 카메룬에서 태어난 프랑스 이민자인 레오폴딘 두알라벨 스미스(Léopoldine Doualla-Bell Smith)라는 인물로, 프랑스 UAT(Union Aéromaritime de Transport)에서 1957년부터 비행을 시작하였다. 그녀가 비행을 한 시기에는 인종차별 금지, 인권 운동이 활발히 일어나던 시기였으므로 격동의 시대를 직접 경험한 인물이기도 하다.

02 객실승무원의 자격 및 업무

1. 객실승무원의 자격

객실승무원의 자격은 규정으로 정해져 있지는 않지만, 특수한 환경에서 근무해야 하는 특징이 있으므로 이에 적합한 자격과 역량을 가진 인재가 근무하는 것이 적합하다. 한정된 공간에서 다양한 인종의 고객을 대면하는 서비스인으로서 갖추어야 할 역량과 정해진 근무시간이 아닌 스케줄에 따라 시차가 존재하는 여러 나라로 이동하는 근무 조건에 부합하는 체력 및 어학 능력 등이 필요하다. 또한, 국제화 시대에 전문성을 갖춘 객실승무원이 되기 위해서는 취항지에 대한 다른 문화의 이해와 상황에 따른 빠른 판단력, 대인관계능력, 언어능력 등의 자질이 필요하다고 할 수 있다. 객실승무원으로서 갖추어야 할 자질과 역량을 요약하면 다음과 같다.

- 책임감 있는 직업의식
- 고객의 편의 제공을 위한 서비스 의식
- 다양한 국적의 승객과 소통 가능한 외국어 능력
- 글로벌 마인드 및 매너
- 시차 및 스케줄 근무에 적합한 체력
- 서비스 매뉴얼에 부합하는 서비스 제공 능력

국내 항공사의 경우 2000년대 이전까지는 객실승무원을 채용할 때 학력, 나이, 신장(162cm 이상) 등을 채용조건으로 제시하였으나, 현재는 신장, 나이 등의 제한이 없다. 다만, 승무원으로 근무할 때 필요한 외국어 능력을 토익, 토플, 오픽, 토익스피킹 등 일정 수준

이상의 공인시험점수를 제출하는 것으로 평가한다. 또한, 교정시력 1.0 이상을 요구하기에 안경 및 콘택트렌즈 착용도 가능하다.

이러한 정량적 조건보다는 객실승무원으로 근무함에 있어 항공사를 대표한다는 마음가짐, 승객과 소통하는 긍정적인 마인드 등을 바탕으로 승객에게 안전하고 편안한 여행을 제공할 수 있는 역량이 필요하다고 하겠다.

아울러 항공사에서 요구하는 객실승무원으로서 필요한 자격은 다음과 같다.

1) 법정 자격

객실승무원은 항공법에 따른 자격을 유지해야 한다. 승무원으로서 업무를 수행하기 위해서는 신입 직무 훈련을 시작으로 직급별, 경력별로 서비스와 항공기 안전운항을 위한 법정 교육을 이수하고 심사받아야 한다. 항공기의 안전을 위한 법정 훈련은 1년에 1회 실시되며, 이 훈련을 받고 소정의 평가에 통과하지 못하면 비행 자격이 정지된다. 항공사 객실승무원으로 근무하기 위해서는 법정 안전 교육을 정해진 기간 안에 이수하고, 유지해야 한다.

2) 외국어 능력

국제적인 업무 조건에서 근무해야 하는 객실승무원에게 꼭 필요한 능력 중 하나가 영어를 비롯한 외국어 능력이다. 승무원은 국제선, 국내선 구별 없이 내국인만을 서비스하는 것이 아

K항공 객실승무원 공개채용 지원 자격 조건 및 전형 절차

1. 지원 자격

- 해외여행에 결격사유가 없고 병역필 또는 면제자
- 교정시력 1.0 이상인 자
- TOEIC 550점 또는 TOEIC Speaking LVL 6 또는 OPIc LVL IM 이상 취득한 자

2. 전형 절차

서류전형 → 1차 면접 → 2차 면접 및 영어 구술, 체력/수영 → 3차 면접 → 건강진단 → 최종합격

3. 기타 사항

- 국가 보훈 대상자는 관계 법령에 따라 우대한다.
- 영어 구술 성적 우수자는 전형 시 우대한다.
- 태권도, 검도, 유도, 합기도 등 무술 유단자는 전형 때 우대한다.
- 2년간 인턴으로 근무 후 소정의 심사를 거쳐 정규직으로 전환 가능하다.

니기에 객실승무원은 2개 이상의 외국어 의사 소통능력이 필요하다. 이러한 이유로 대부분의 항공사에서는 세계 공통어인 영어와 모국어를 기본으로 일본어 및 중국어 가능자를 우대하고 있다. 그뿐만 아니라 항공 관련 용어 및 상황에 대한 인지, 비상시에 외국인과의 소통은 영어를 기본으로 하므로 외국어 활용 능력은 객실승무원으로서 갖추어야 할 가장 기본적인 능력이라 하겠다. 또한, 외국어와 함께 국제적 문화 상식, 다른 문화에 대한 이해를 통해 여러 국적의 승객들에게 최고의 서비스를 제공해야 한다.

3) 긍정적인 사고방식과 밝은 표정

승무원은 비행 편성에 따라 매 비행마다 다른 구성원들과 비행해야 한다. 자기주장이 강하거나 조직과 융화하지 못한다면 팀으로 움직이는 비행에 적합하지 못할 것이다. 개인화되고 사람과 사람 간의 소통보다는 SNS 등 미디어 세상에 익숙해지는 현실에서 서비스 산업의 종사원으로 더더욱 필요한 능력이 바로 여러 사람과 원활하게 소통하고 이해하는 긍정적인 사고방식과 항상 새로움과 즐거움을 주는 밝은 표정일 것이다. 객실승무원은 때에 따라 400명 이상의 승객을 대하며 편안함과 최고의 서비스를 제공해야 하며, 승객 개개인의 다양한 니즈를 파악하고 알아채야 한다. 긍정적 사고방식, 밝은 표정과 원만한 인간관계는 짧은 시간의 노력으로 이루어지지 않는다. 평소의 생활에서부터 습관이 되어 체화될 수 있도록 꾸준히 노력해야 할 것이다.

Sorbis/Shutterstock.com

4) 투철한 직업의식과 전문적인 업무 지식

항공기라는 제한된 공간의 특성으로 인해 승객들은 승무원들에게 많은 정보를 확인하고 요구하게 된다. 전문적인 업무 지식이 없다면 정확한 정보를 제공할 수 없게 되고, 이로 인해 승객들로부터 신뢰를 받지 못하게 된다. 승객들은 항공사 객실 서비스뿐만 아니라 항공사 취항 노선, FFP, 공항 이용 등 항공사 및 공항 관련해서 객실승무원과 소통하고자 한다. 본인의 업무 분야 이외의 회사나 공항에 관한 새로운 지식, 정보 등을 지속적으로 업데이트하고 인지하고 있어야 한다. 객실승무원은 항공사 유니폼을 입는 순간 항공사의 대표라는 자부심을 가지고 철저한 자기관리와 전문성을 갖추도록 노력해야 한다.

5) 체력

국내 항공사 객실승무원 채용 절차에 체력 테스트 부분이 포함되어 이 부분의 중요성이 강조되고 있다. 객실승무원은 항공기 탑승 근무에 적합한 신체 및 건강 조건을 항상 유지해야 한다. 객실승무원은 기내라는 특수한 환경에서 근무하기에 빈혈, 감기 등 가벼운 증상에도 신경을 써야 한다. 예를 들면, 가벼운 감기 증상이 있다 하더라도 기압이 낮은 기내에서 장시간 근무할 때는 중이염이 유발되기 때문이다. 또한, 비행노선에 따라 시차와 날씨가 매번 바뀌기 때문에 평소에 운동 및 건강관리를 지속적으로 해야만 비행 근무 시 어려움이 없을 것이다. 비행 근무에 적합하지 못한 건강 상태인 경우에는 비행 정지 후 건강을 회복해야 하며, 근무에 복귀하기 위해서는 항공의료원에서 비행 적합 여부를 확인받아야 비행 근무에 임할 수 있다.

2. 객실승무원의 업무

객실승무원의 업무는 크게 ① 비상시 안전 및 탈출 업무, ② 정상 상황 시 안전 및 보안 업무, ③ 승객 지원 및 ④ 기내 서비스 업무로 나누어진다. 객실승무원의 업무의 우선순위는 '비상 탈출 – 안전 업무 – 승객 지원 – 기내 서비스'순이다.

1) 비상시 안전 및 비상 탈출 상황 대비 업무

객실승무원의 업무 우선순위 중 가장 중요한 업무는 비상 착륙, 비상 착수 및 기타 비상상황 시 승객들의 안전을 위한 활동이다. 객실승무원은 어떠한 상황에서도 승객의 안전을 최우선

으로 해야 한다.

예정된 비상상황인 경우, 비상 탈출(Emergency Evacuation)에 대비한 안전 업무를 통해 승객들에게 비상상황에 대비하여 안전자세 및 안전 활동을 브리핑하고 확인해야 한다. 만약 비상 착륙 또는 비상 착수 상황이 발생하게 되면, 승무원은 승객들의 항공기 탈출을 돕고 잔류 승객 및 피해 승객을 파악하고 적절한 조치를 취해야 한다. 이러한 비상상황에 대비하여 승무원들은 1년에 한 번 법정 안전 훈련을 이수하고, 2년에 한 번 비상 착수 훈련을 받는다. 정상 상황의 비행 중에도 승무원은 이착륙 시 '30 Seconds Review'를 스스로 실시하며 비상상황이 발생했을 때 어떻게 대처할지에 대해 되새기고 준비해야 한다.

2) 안전 및 보안 업무

객실승무원은 정상 상황에서 항공기 내 안전 및 보안 업무(In-Flight Safety and Security)를 책임진다. 비행 전 항공기 안전 점검 및 장비 확인, 비행 중 승객 안전 및 보안 활동 등 비상상황이 아닌 정상 상황에서도 비상상황에 대비하여 항공기 내 안전 및 보안 업무를 수행한다. 이러한 이유로 객실승무원이 항공기 탑승 후 가장 먼저 하는 업무가 바로 비상 보안 장비를 점검하고 확인하는 것이다. 안전한 항공기 운항을 위해 객실승무원은 비상 보안 장비의 위치 및 작동 여부, 전자기기 사용 규정, 기내 흡연 규정, 승객 좌석벨트 착용 상태, 서비스 카트(Service Cart)를 비롯한 유동 물질 및 선반 잠금(Locking) 상태 확인, 응급환자 대처 등 다양한 안전 및 보안 업무를 수행한다.

3) 승객 지원 및 기내 서비스

객실승무원은 승객들의 편의를 위해 기내 식음료 서비스, 면세품 서비스, 서류 서비스, 헤드폰 서비스, 신문 서비스, 타월 서비스, UM(Unaccompanied Minor. 비동반 소아) 서비스 등 다양한 편의품과 서비스를 제공하는 승객 지원(Assist Passengers) 서비스를 한다. 항공사는 항공기라는 동일한 이동 수단을 통해 목적지까지 이동하기에 경쟁이 치열한 항공시장에서 경쟁적 우위를 차지하기 위해 차별화된 기내 서비스(In-Flight Service)를 제공하고자 부단히 노력하고 있다. 그 예로, 항공사는 고객들의 다양한 니즈에 부합하는 최고의 서비스를 제공하기 위해 다양한 기내식을 개발하고, Wifi 서비스, VOD 서비스 등 지원 서비스를 다양하게 제공하고 있다.

3. 객실승무원의 교육 및 훈련

객실승무원은 항공사 입사와 함께 다양한 교육을 지속적으로 이수하게 된다. 메이저 항공(Full Service Airline)의 경우, 일반적으로 1주일간 합숙 훈련을 통해 그룹사 교육을 이수하고, 그 후에 항공사에 배치되어 약 3개월간의 신입 직무 훈련을 받게 된다. 신입 직무 훈련에서는 항공사 객실승무원이 갖추어야 할 항공안전업무 및 기내 서비스 업무, 외국어, 이미지 메이킹, 기내 방송 등의 교육을 이수한다. 이중 항공안전훈련의 모든 교과목을 이수하지 못할 경우에는 비행 자격이 주어지지 않는다. 신입 직무 훈련을 마치면 수습 비행(On the Job

Training)을 통해 비행에 투입되어 비행 실습을 한 후에 실제 비행에 투입된다.

신입 직무 훈련 이후에도 직급 교육 및 상위 등급 객실 교육, 직무 보수 교육, 안전 교육, 착수 훈련 등 다양한 훈련을 이수하게 된다.

객실승무원이 받게 되는 교육은 다음과 같다.

- 신입 직무 교육
- 좌석 등급별 서비스 교육: B/C 직무 교육, F/C 직무 교육
- 직급 교육: Top Senior 교육, E/Y Top Senior 교육, 사무장 교육
- 안전 및 비상 착수 교육: 연 1회 또는 2년에 1회 실시, 항공기 구조 및 장비, 비상상황 탈출, 비상 착수, 심폐소생술, 응급처치 등 교육

PHTGRPHER_EVERYDAY/Shutterstock.com

Mike Chappazo/Shutterstock.com

03

객실승무원의 근무 규정 및 직급

1. 객실승무원의 근무 규정

항공사 객실승무원들은 정해진 근무 규정에 의하여 짜인 스케줄에 의거하여 비행 근무를 한다. 스케줄은 직급별 또는 자격에 따라 해당 편 승무원이 정해지고, 승무 시간, 휴식 시간, 교육 일정 등을 반영하여 최종적으로 개인별 스케줄이 월 단위로 산출된다. 승무원의 스케줄은 항공법 기준에 명시된 휴식 시간, 연속 비행 가능 시간 등을 반영해야 하기에 비정상 상황이 발생할 경우 사내 스케줄팀이 위의 사항에 위반되지 않도록 승무원의 스케줄을 조정하게 된다.

1) 객실승무원의 근무 할당

객실승무원은 정해진 근무 할당표(Cabin Crew Flight Schedule)에 의거하여 근무를 하게 된다. 근무 할당표는 승무, 편승, 대기 근무, 교육, 훈련, 지상 근무 및 휴일을 포함하여 구성되어 있다. 객실승무원의 개인별 비행 근무 시간은 규정에 의해 1일, 월별, 연별 일정한 시간

구분	비행시간 (Time Table상)	승무 시간	착륙 횟수	총 승무 시간	
				1개월	1년
국내	8시간	13시간	6회	120시간	1,200시간
국제	16시간	20시간	4회		
국내·국제 연결편	10시간	16시간	6회		

표 | 승무원 비행시간 기준표

의 제한을 두어 이를 초과하여 근무하지 못하도록 한다. 또한, 비행시간 및 노선 배정은 컴퓨터 시스템을 활용하여 승무원별 편중 없이 배정된다. 객실승무원은 개인 상황에 따라 회사가 정하는 규정에 따라 휴가 및 스케줄을 요구할 수 있다.

항공기 운항 시, 비행 예정 시간이 8시간을 초과하는 경우에는 승무 중 교대 휴식(Crew Rest)을 시행하거나, 1개 팀 이상이 탑승하여 교대 근무를 한다. 이는 휴식 시간 없이 연속적으로 근무하게 되는 근무시간 기준을 초과하지 않기 위해서다.

객실승무원의 최대 승무 시간은 1개월(역월) 120시간, 3개월(분기) 350시간, 연간(역년) 1,200시간을 초과하여 승무해서는 안 된다. 객실승무원은 자신의 계획된 월간 승무 시간이 상한선을 초과하지 않는지 확인하고 초과되거나 초과가 예상될 경우에는 조치를 취해야 한다. 미확인 및 조치 미요구에 대한 일차적인 책임은 객실승무원에게 있기 때문이다. 그러나 기상악화 등의 천재지변과 비상사태, 긴급사태 등으로 항공기가 정시에 출발하지 못하고 계획된 목적지에 도착할 수 없는 상황은 예외적으로 승무 시간 초과가 인정된다.

2) 개인별 스케줄

객실승무원들의 업무는 개인별 스케줄(Monthly Individual Schedule)에 의거하여 움직인다. 개인별 스케줄은 휴일, 휴가, Stand-By, 교육, 승무, 편승 등이 기재되어 월 단위로 배포된다. 그러나 근무 일정은 운항 스케줄상 변경될 수 있으므로, 객실승무원은 개인별로 수시로 스케줄 변경사항을 확인해야 한다. 개인별 스케줄은 항공기 탑승의 서비스 업무 수행에 맞추어 객실 등급 및 탑승 자격 등이 고려되어 결정된 것으로 임의로 타인과 변경이 불가능하다. 스케줄을 변경하기 위해서는 회사의 규칙 및 승무 근무 할당 기준을 맞추는 절차가 필요하다.

개인별 스케줄표는 항공사별 차이가 있으나 대부분 해당 승무원의 이름 및 사번, 직급, 직책, 방송 자격, 영어 자격 등의 개인별 정보와 스케줄 일정, 항공편의 출 · 도착 시간(현지 시간 기준), Day-Off, 휴가, 교육 등의 일정이 기재되어 있다.

Monthly SKD

Total Block Time 92:40, Total Add Block Time 0:00, DAFF (Total : 118.0, Used : 100), ANLV (Total : 22, Used : 10)

DATE	FLIGHT	SHOWUP	SECTOR	STD	STA
10/01(월)	**303**	**01 06:50**	ICN/CGQ	01 09:00	01 10:10
	304		CGQ/ICN	01 11:10	01 14:30
10/02(화)	STBY확인요망				
10/03(수)	**369**	**03 06:30**	ICN/CAN	03 08:40	03 11:15
	370		CAN/ICN	03 12:25	03 17:00
10/04(목)	DAY OFF				
10/05(금)	DAY OFF				
10/06(토)	**309**	**06 06:50**	ICN/WEH	06 09:00	06 09:10
	310		WEH/ICN	06 10:10	06 12:20
10/07(일)	**739**	**07 16:20**	ICN/PNH	07 18:30	07 22:00
10/08(월)	**740**		PNH/ICN	08 23:05	09 06:05
10/09(화)	ICN				
10/10(수)	DAY OFF				
10/11(목)	DAY OFF				
10/12(금)	**106**	**12 13:45**	ICN/NRT	12 15:55	12 18:15
	105		NRT/ICN	12 19:25	12 22:05
10/13(토)	**212**	**13 18:30**	ICN/SFO	13 20:40	13 15:00
10/14(일)	**211**		SFO/ICN	14 23:30	16 04:30
10/15(월)	ICN				
10/16(화)	ICN				
10/17(수)	DAY OFF				
10/18(목)	DAY OFF				
10/19(금)	DAY OFF				
10/20(토)	DAY OFF				
10/21(일)	STBY확인요망				
10/22(월)	**747**	**22 18:05**	ICN/HKT	22 20:15	23 00:35
10/23(화)	HKT				
10/24(수)	**748**		HKT/ICN	24 01:30	24 09:35
10/25(목)	DAY OFF				
10/26(금)	**236**	**26 16:50**	ICN/ORD	26 19:00	26 18:20
10/27(토)	ORD				
10/28(일)	**235**		ORD/ICN	28 23:55	30 04:00
10/29(월)	ICN				
10/30(화)	ICN				
10/31(수)	DAY OFF				

표 | 승무원 스케줄표

2. 객실승무원의 직급 체계

항공사의 객실승무원은 일반 직장인들처럼 근무 연한과 업무에 따라 직급 체계를 가지고 있다. 이 직급 체계는 항공사 객실승무원만의 고유한 직급 체계 및 명칭을 가지고 있으나, 승무원 역시 항공사의 소속 직원인 만큼 승무 이외에는 일반 직군과 동일한 연한의 직급 호칭을 가지고 있다.

또한, 항공사마다 조금씩의 차이는 있지만, 대부분의 항공사는 비슷한 직급을 유지한다.

승무 직급	호 칭	동일한 일반직 직급
수석 사무장	CP(Chief Purser)	부장
선임 사무장	SP(Senior Purser)	차장
사무장/캐빈 매니저	PS(Purser/Cabin Manager)	과장
부사무장	AP(Assist Purser)	대리
승무원	Cabin Attendant	사원
인턴 승무원	Cabin Attendant	사원

표 | 객실승무원의 직급 체계

객실승무원들은 신입사원으로 입사 후 입사교육과 직무훈련을 마치고 정식 승무원이 되면 2년 후에 인사 평가 및 자격 평가를 통해 선임 승무원으로 승격하게 된다. 그리고 5년 후에 부사무장, 그 4년 후엔 사무장으로 승격할 기회를 얻을 수 있다. 승격을 위해서는 필요한 각종 교육을 이수해야 하고, 직급에 필요한 외국어 자격 및 방송 자격을 취득해야 하며, 이를 기본으로 인사평가를 거쳐야 한다. 승무직 역시 일반 직군과 같이 여러 절차를 통해 승격하게 되지만 승무원들에게는 특히 항공사에서 요구하는 근태 관리가 매우 중요하다. 정해진 비행시간에 Late Show-Up 및 Miss Flight(비행하지 못하는 경우)를 하는 경우는 인사평가에 큰 영향을 미치게 된다. 개인적인 상황, 건강상의 문제 또한 철저히 관리하지 못하는 경우에는 승무원으로서 치명적인 오점을 남기게 되므로 주의해야 한다.

또한, 국제적 업무 환경으로 인하여 승무원에게 있어 외국어 자격은 필수이다. 각 직급별 승격에서 요구하는 외국어 공인 점수와 말하기 능력을 급수로 환산하여 점수화하여 관리된다. 승격해야 하는 연한이 되었지만, 외국어 자격이 없다면 승격 대상에서 아예 제외된다.

3. 객실승무원의 직책별 임무

객실승무원은 직급과는 별개로 해당 비행에서 부여되는 승무 직책을 이행하게 된다. 같은 직급이더라도 해당 비행별로 부여되는 직책과 임무는 매번 달리 정해지기 때문이다.

해당 비행편에는 객실의 모든 서비스 업무의 총괄 책임자인 객실 사무장, 객실 사무장의 업무를 보좌하는 역할을 담당하는 부사무장, 그리고 각각의 좌석 등급별 서비스 담당 승무원들로 구성된다.

1) 객실 사무장

객실 사무장(Purser)은 해당 비행편 객실의 책임자이자 관리자의 역할을 담당한다. 객실 사무장은 직급이 Purser 이상으로 비행 경력 10년 이상의 승무원이 수행할 수 있다. 객실 사무장/캐빈 매니저는 해당 비행편 승무원의 자격 및 교육 여부를 확인하여 업무에 맞는 Duty를 부여해야 하고 객관적이고 빠른 판단력과 통찰력, 그리고 리더십을 가지고 객실승무원들이 원활하게 비행 업무를 수행할 수 있도록 해야 한다.

객실 사무장/캐빈 매니저의 주 업무를 정리하면 다음과 같다.

- 객실 브리핑 주관, 해당 편 승무원 Duty 부여
- 항공기 출입국 서류, 출항 서류(Ship Pouch) 관리
- 기내 설비 및 장비 점검 확인

- 객실 서비스 진행 관리 및 지휘
- 비행 후 해당 비행편 특이사항 및 개선사항 보고
- 해외 체제 시 승무원 관리 및 회사와의 업무 협조 유지

2) 객실 부사무장

객실 부사무장(Assistant Purser)은 객실승무원으로 5년 이상 근무한 승무원의 직급이다. 부사무장은 객실 사무장이 임무 수행이 불가능한 상황이 발생했을 때 업무를 위임받아 대행해야 하기에 미리 준비하고 객실 사무장의 임무를 함께 알아야 한다.

객실 부사무장의 임무는 객실 브리핑(Cabin Briefing)을 위한 자료 및 해당 비행편과 관련된 서류를 준비해야 한다. 또한, 항공기 객실승무원들의 입출국 절차를 위한 서류 및 기내 면세품 및 서비스 관련 용품들의 탑재 상태 및 현황을 객실 사무장에게 보고해야 한다.

3) 승무원

대형 항공사의 경우, 객실을 3개의 좌석 등급으로 나누어 운영하는 것이 일반적이다. 즉, 일등석(First Class: F/C), 이등석(Business Class: B/C), 일반석(Economy Class: E/Y)으로 나누어 각각 다른 서비스를 제공한다.

객실승무원은 객실 사무장으로부터 부여받은 좌석 등급별 Duty Code에 따라 할당된 서비스 구역(Service Zone)에서 각 좌석 등급의 시니어(Senior) 승무원의 통솔하에 기내 안전 업무 및 서비스 업무를 수행하게 된다.

Class	Duty Code								
F/C	FS	FG	FJ						PURSER
B/C	BS1	BS2	BG1	BJ1	BS2	BG2	BJ2		
E/Y	CL	CR	DL	DR	EL1	EL2	ER1	ER2	

표 | Duty Code - B747 Pax for 3 Class Flight

4) 외국인 승무원

항공사에서는 항공기에 탑승하는 다국적 승객의 편안한 여행을 위해 해당 국적의 외국인 승무원(Overseas Crew)을 채용하고 있다. 현지 승무원은 해당 국가 승객을 위해 커뮤니케이

션의 어려움과 문화적인 차이로 인한 불편함을 해소하기 위한 업무를 수행하는 승무원을 말한다. 일반 승무원과 마찬가지로 자신에게 부여된 안전 및 서비스 업무를 수행하면서 현지어 기내 방송 및 통역의 역할을 함께한다.

Budilnikov Yuriy/Shutterstock.com

CHAPTER

3

객실승무원의 업무 절차 및 내용

01. 비행 준비 업무
02. 이륙 전 기내 업무
03. 이륙 후 기내 업무
04. 착륙 전 기내 업무
05. 착륙 후 기내 업무

01
비행 준비 업무

객실승무원의 근무 형태는 일반 업무와는 달리 스케줄 근무의 형태이므로, 객실승무원의 업무는 당일 할당된 항공기 탑승 근무를 위해 정해진 시간에 회사에 출근해서부터 모든 비행을 무사히 마치고 퇴근할 때까지 수행해야 하는 모든 활동이 포함된다.

1. 비행 준비 절차

승무원은 당일 비행 스케줄에 따라 항공기 출발에 앞서 충분한 시간적 여유를 갖고 회사에 도착하여 원활한 비행 업무 수행을 위해 필요한 모든 준비를 해야 한다.

표 | 비행 준비 절차

먼저 당일 비행 업무에 필요한 브리핑 자료를 준비하고 Show-Up(회사 출근)한다. 그리고 비행에 적합한 용모, 복장 등을 점검받고 브리핑 준비를 하여 객실 브리핑에 참석하게 된다. 객실 브리핑 후에는 객실승무원 모두 공항으로 이동하여 항공기에 탑승한 후 운항승무원들과 함께 합동(운항) 브리핑을 하게 된다. 국제선 비행을 기준으로 항공기 탑승 전까지 객실승무원은 다음과 같은 비행 준비 절차를 밟는다.

1) Show-Up

Show-Up은 항공기 탑승 근무를 위해 최초로 수행하는 임무이다. 객실승무원은 출근 시간이 일정하게 정해져 있는 것이 아니라 개인별 스케줄 표에 나와 있는 비행에 따라 매번 다른 출근 시간이 정해진다. 국제선의 경우 비행 출발 시간 2시간 10분 전까지 출근하게 되어 있다. 비행 출발 2시간 10분 전은 브리핑 시작 시간이므로 그 전에 미리 도착하여 컴퓨터를 이용하여 본인의 출근 여부를 점검하고 용모 및 복장을 비행에 맞도록 준비해야 한다. 또한, 브리핑에 참석하기 위해 회사의 정책과 업무와 관련된 최신 매뉴얼 및 각종 업무 지시 사항, 게시물 및 비행과 관련된 제반 사항에 대한 자료와 서류 등을 출력하여 챙겨야 한다. 그리고 회사의 규정이나 특정 비행편에 대한 서비스가 변경될 수 있으므로 변경된 사항과 매뉴얼을 업데이트하고 그 내용을 정확하게 숙지하는 것은 객실승무원의 의무이자 책임이다.

승무원은 매일 일정한 시간에 출근하는 것이 아니기 때문에 교통 혼잡, 비행 스케줄, 브리핑을 위한 사전 준비 시간 등을 고려하여 충분히 여유를 가지고 출근해야 한다. 만약 개인 사정, 교통 혼잡, 천재지변 등의 이유로 정시에 Show-Up하지 못할 때는 해당 편 객실사무장과 스케줄팀에 알려서 정시 운항을 위해 대기 승무원으로 대체할 수 있도록 해야 한다. 또한, 유니폼을 착용하고 대중교통을 이용하여 출근할 때에는 항공사 Appearance 규정에 맞는 용모와 복장을 갖추고 항공사 이미지에 손상이 되지 않도록 사소한 행동에도 각별히 신경써야 한다.

Sorbis/Shutterstock.com

또한 객실승무원은 비행 근무를 위해 반드시 휴대해야 하는 물품들을 점검하고 준비해야 하는데, 준비해야 할 객실승무원의 필수 휴대품은 다음과 같다.

- 여권(승무원 등록증) 및 VISA
- 신분증(ID Card)
- 항공사별 근무 규정집: 객실승무원 업무 교범, 객실 안전 매뉴얼, 담당 객실 등급 서비스 매뉴얼, 기내 방송 매뉴얼 등
- 서비스용 앞치마, 기내화, 필기도구
- 근무에 필요한 각종 서류
- 비행 근무에 필요한 개인물품: 간단한 화장품류, 여분의 스타킹, 소형 Flashlight 등

Show-Up이란?

객실승무원이 비행 근무를 위해 회사 또는 공항에 본인의 출근을 확인하는 것을 의미하며, Show-Up System을 이용하여 로그인하게 되면 본인의 출근 여부가 확인되며, 이 시스템을 통해 해당 비행 정보, 승무원 명단, 비행 구간, 출·도착 시간 등의 정보를 확인할 수 있다

- Late Show-Up: 객실브리핑 시작 이후부터 운항브리핑 시작 전까지 Show-Up하는 것을 말한다.
- Miss Flight: 운항브리핑을 마칠 때까지 Show-Up하지 않는 경우를 말하며, 이 경우 대체 승무원이 투입된다.
- Stand-By: 항공편에 결원이 발생하거나 스케줄 및 기종 변경 등으로 충원이 필요할 때를 대비하여 비행 투입이 가능한 상태로 지정된 장소에서 대기하는 것을 말하며, Stand-By 근무 중 비행 투입이 되는 경우에는 신속하게 브리핑에 참석하여 비행에 임할 수 있도록 해야 한다.

2) Appearance Check

객실승무원은 Show-Up을 하기 전, 비행에 적합한 용모와 복장을 갖추었는지와 필수 휴대품을 소지하고 있는지에 대해 이미지메이킹 담당자에게 확인을 받아야 한다. 부적합한 상태인 경우에는 즉시 규정에 맞도록 갖추어야 비행할 수 있다. Appearance 점검 시 확인받게 되는 사항은 다음과 같다.

M101Studio/Shutterstock.com

Sunshine Seeds/Shutterstock.com

Appearance Check List

- Make-Up & Hair-Do 상태가 규정에 맞고 유니폼과 어울리는가?
- 유니폼 착용 상태 및 명찰 등 부착물 착용 상태가 양호한가?
- 시계, 귀걸이, 반지 등 액세서리가 규정에 맞는가?
- 램프 슈즈(Ramp Shoes)*와 기내화가 깔끔한 상태인가?
- 에이프런(Apron)의 청결 및 다림질 상태가 양호한가?
- 손톱(Nail) 상태와 컬러가 규정에 맞고 깔끔한가? 등

*램프 슈즈(Ramp Shoes): 공항 등 외부 이동 시 착용하는 구두

2. 항공기 탑승 전 업무

1) 객실 브리핑

객실 브리핑(Cabin Briefing)이란 해당 편 담당 승무원들이 객실사무장을 중심으로 비행 전반에 관한 정보를 전달하고 확인하는 과정으로 비행 업무에 차질이 없도록 준비하는 과정을 말한다. 국제선 비행에 탑승하는 객실승무원은 항공기 출발 시간을 기준으로 2시간 10분 전까지 객실 브리핑에 참석해야 한다. 객실 브리핑에 참석하기 위해서는 정해진 시간과 장소에서 비행 근무에 적합한 용모와 복장을 갖추고 브리핑 시트(Briefing Sheet)를 준비하여 해당 비행에 관한 정보와 내용을 숙지하고 참석해야 한다. 객실사무장의 주관하에 이루어지는 객실 브리핑에서는 해당 편 비행 정보, 비행 구간의 특성, 서비스 및 안전 관련 사항, 최근 업무지시 사항 등을 전달하며, 객실 브리핑 후에는 각 좌석 등급별 시니어 승무원을 중심으로

섹션 브리핑(Section Briefing)을 간단하여 실시하여 각 좌석 등급별 서비스 방향과 특이사항에 관해 내용을 공유한다.

(1) 브리핑 준비사항

객실 브리핑에 참석하기 전에 해당 편 승무원들은 각각 브리핑 준비를 해야 한다. 또한, 비행과 관련된 전반적인 서류, 객실승무원 입국 서류, 해당 비행편의 특이사항 등도 준비하고 숙지하여 브리핑에 임해야 한다.

- 비행에 관련된 정보: 비행편명, 출·도착 시간, 비행시간, 각 객실 등급별 승객 예약 현황 등 당일 비행편의 제반 정보 숙지
- 도착지 정보: 출발지와 도착지 사이의 시차, 면세 허용량, 입국 서류, 공항 정보 확인
- 해당 편 특이사항: 해당 편 서비스 절차 및 특이사항 확인
- 공지사항: 최신 업무 공지 및 변경사항 숙지
- 비행 안전 및 보안: 해당 항공 기종 및 객실 구조의 특징, 비상 보안 장비 위치, 비상사태 시 처리 절차, 항공기 도어 작동법 등 숙지
- 비행 근무에 필요한 서류 및 휴대품(여권 및 ID Card), 비행 업무 교범(안전 매뉴얼, 담당 객실 등급 서비스 매뉴얼, 기내 방송 매뉴얼) 등 확인

(2) 브리핑 내용

객실 브리핑은 객실사무장의 주관으로 진행되며, 이때 객실사무장은 해당 편 승무원들의 건강 상태, 비행 준비 상태 등을 점검하여 모든 승무원이 최적의 상태에서 비행할 수 있도록 해야 한다. 객실 브리핑의 내용은 다음과 같다.

▸ 객실승무원 소개

객실승무원들은 근무의 특성상 스케줄 표에 의해 매번 다른 승무원들과 팀을 구성하여 비행 근무를 하게 된다. 따라서 브리핑은 해당 승무원들 간의 인사로 시작되며, 이때 이름과 직급, 객실 등급별 교육 이수 여부 등을 포함하여 간단하게 자기소개를 한다.

▸ 비행 정보

해당 비행의 일정, 비행시간, 목적지와의 시차, 목적지 공항의 정보 및 날씨, 운항 항공 기종, 노선에 따른 특이사항 및 특징 등 전반적인 비행 정보를 공유한다.

▸ 예약 승객 현황

조석 등급별 예약 승객 현황, VIP/CIP(Commercial Important Person) 탑승 여부 및 특별한 보살핌이 필요한 승객에 대한 정보, 특별 기내식(Special Meal) 신청 승객, 기내 면세품 사전 주문 승객 등을 확인한다.

▸ 업무 할당

업무 할당(Duty Assignment)은 객실사무장의 고유 권한으로 일등석, 비즈니스석 근무자의 경우는 교육 이수 여부, 자격 등을 확인한 후 업무를 부여한다. 기내 방송 역시 방송 자격 최상위 승무원에게 방송 업무를 부여한다. 객실사무장이 할당한 업무는 승무원 임의로 변경할 수 없다.

▸ 서비스 관련

해당 비행에서 진행되는 기내 서비스 절차에 대해 점검하고, 비행시간대와 승객들의 특성(예: 신혼부부, 단체 승객 등)을 고려하여 서비스 진행 시 주의할 점에 대해 공지한다. 또한, 새롭게 적용되는 서비스나 변경된 서비스 절차 및 내용에 대해 다시 한번 확인하고, 최근 접수된 서비스 불만 사례에 대해 전달하고 불만 사례에 따른 적절한 고객 응대 방법에 대해서도 공유한다. 객실 브리핑이 끝나고 나면 각 좌석 등급별 시니어 승무원을 중심으로 섹션 브리핑을 실시하여 해당 비행편의 서비스 내용과 절차에 관해 재확인함으로써 최고의 서비스를 제공할 수 있도록 한다.

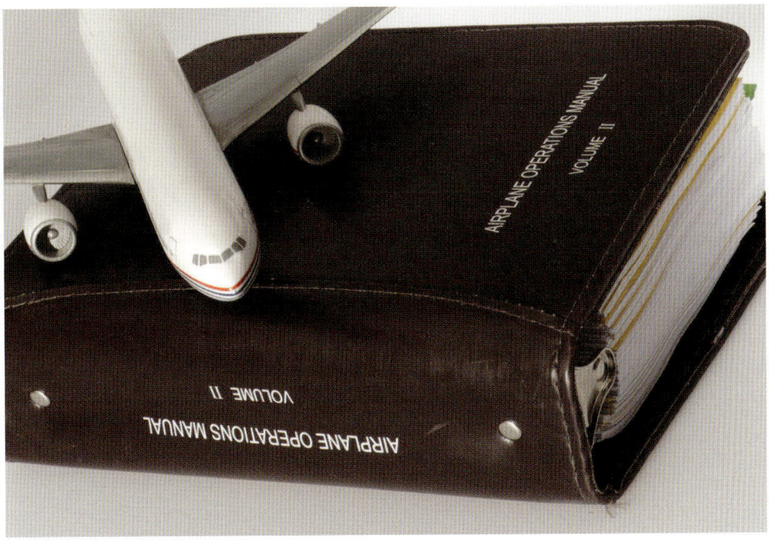

Crew Tag

▸ 비행 안전 및 보안

항공기 내에 탑재된 비상 장비의 종류와 위치 및 사용법에 대해 확인하고, 비상사태가 발생했을 때의 처리 및 행동 절차와 항공법 강화에 따른 비행 중 안전과 보안에 관한 사항에 대해 강조한다. 그리고 항공 기종에 따른 도어 작동법과 주의사항에 관해서도 확인한다.

▸ 휴대품 준비 상태

객실승무원이 비행 근무를 위해 반드시 휴대해야 하는 필수 휴대품의 소지 여부를 확인한다. 여권, ID Card, 각종 비행 업무 교본 등을 소지했는지에 대해서도 점검한다.

2) 출국 수속

객실 브리핑이 끝나면 객실승무원들은 공항 터미널로 이동해서 일반 승객과 같이 출국 수속(CIQ) 및 보안 검색을 거친다.

장거리 비행을 위해 위탁 수하물로 가방을 부쳐야 하는 경우엔 항공사 체크인 카운터 중 승무원 전용 카운터를 이용하여 비행에 필요한 Flight Bag 등 휴대 수하물을 제외하고 나머지 수하물 가방은 탁송한다. 이때는 Crew Tag을 부착하여 일반 승객들의 수하물과 구분하여 탁송한다.

수하물 탁송 후 객실승무원들은 승무원 전용 라인을 이용하여 보안 검색 및 법무부의 출국 절차를 거쳐야 하며, 무료 허용 한도 이상의 고가의 물품을 소지한 승무원의 경우에는 출국 전에 세관에 신고하고 귀국 시 확인을 받도록 한다.

02 이륙 전 기내 업무

1. 항공기 탑승 후부터 승객 탑승 전까지 기내 업무

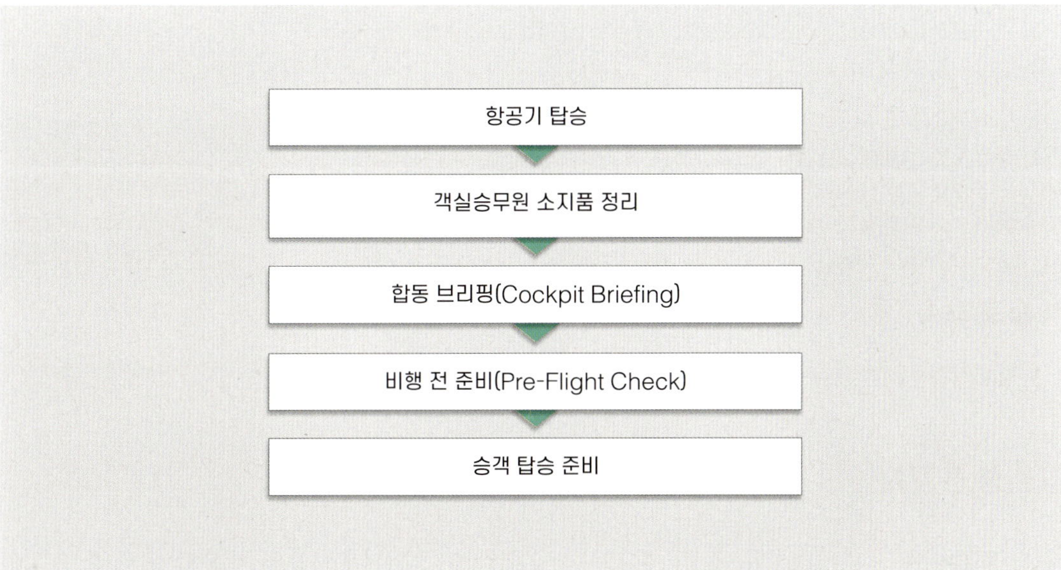

표 | 승객 탑승 전 기내 업무 절차

1) 승무원 소지품 보관

객실승무원은 항공기 탑승 후 Flight Bag에서 비행 근무에 필요한 매뉴얼, 앞치마 등 개인용품을 꺼내고 기내화로 갈아 신고, Flight Bag 등 기내 반입 휴대 수하물을 승객 좌석 위 선반(Overhead Bin), 코트룸(Coat Room) 또는 각 구역 맨 뒤 좌석 아래 등 지정된 위치에 정돈하여 보관해야 한다. 이는 비행 안전을 위해 삼면이 막힌 곳에 짐을 보관하게 되어있기 때문이다. 또한, 어떠한 짐도 승객 좌석 주변이나 갤리, 도어 또는 비상구 주변에 방치해서는 안 된다.

2) 합동 브리핑

합동 브리핑(Cockpit Briefing)이란 운항승무원과 객실승무원과의 브리핑으로 해당 편 기장의 주관으로 실시되며, 운항에 관련된 전반적인 정보를 전달하는 과정이다. 해당 항공기의 최종 책임자는 기장이다. 따라서 승무원은 객실에서 일어나는 특이사항, 환자 발생 등 모든 사항을 객실사무장에게 보고해야 하며, 객실사무장은 이를 기장에게 최종적으로 통보해야 하는 의무가 있다. 합동 브리핑의 내용은 다음과 같다.

- 운항승무원과 객실승무원 간의 인사와 소개
- 비행 안전 및 보안 사항에 대한 강조
- 계획된 비행시간, 비행 고도, 비행 속도, 항로
- 항로상, 목적지의 기상
- 예상되는 기체 요동(Turbulence), 고도, 시간, 신호 방법
- 승객 예약 현황 및 화물 탑재 현황
- 비행 중 조종실(Cockpit) 출입 절차
- 비행 중 안전 고려사항: 비행 중 승객의 상시 좌석벨트 착용 확인, 기체 요동 발생 시 좌석벨트 착용 방송 실시 방법
- 운항승무원과 객실승무원 간의 협조 사항 등

3) 비행 전 준비

비행 전 준비(Pre-Flight Check)란 승객에게 쾌적하고 안전한 여행을 제공하기 위해 승객이 탑승하기 전에 실시하는 점검 및 제반 준비를 말하며, 안전한 비행과 효율적이고 신속한 서비스를 위해 선행되는 승무원의 담당이다.

객실승무원은 먼저 각자가 담당하는 구역에 비상 장비가 제 위치에 탑재되어 있는지, 그리고 사용 가능한 상태인지를 확인하고, 담당 업무에 따라 기내(Cabin) 또는 갤리(Galley)의 장비와 시스템을 점검하여 이상이 없는지 확인한다. 또한, 기내의 청소 상태와 승객 좌석 주변을 점검하고, 갤리에 탑재된 서비스 기물, 기내 식음료 및 기타 각종 서비스 물품들을 점검하여 서비스 횟수와 예약 승객 수를 기준으로 맞게 탑재되었는지 확인하고 이상이 있는 경

우에는 객실사무장에게 보고하여 조치를 취할 수 있도록 한다.

(1) 비상 장비 점검

비상 장비의 점검은 안전과 직결되는 사항이므로, 서비스 용품을 점검하는 것보다 우선으로 실시되어야 하며, 비상사태 발생 시 승무원은 담당 구역 승객의 안전을 책임져야 한다.

비상 장비의 탑재 여부와 위치, 최종점검 일자, 사용 가능 여부, Sealing 상태 등을 확인한 후 객실사무장에게 보고한다. 점검해야 할 비상 장비 및 보안 장비 목록은 다음과 같다.

▶ 비상 장비

구분	점검 내용
H_2O Extinguisher	고형 물질(의류나 종이) 등에서 발생한 화재를 진압하기 위해 사용된다.
Halon Extinguisher	고형 물질이나 기름(휘발성 액체), 전기류(오븐, 기내 조명 등)의 화재 등 모든 종류의 화재에 사용된다.
O_2 Bottle	비상시 사용을 목적으로 승객 또는 승무원에게 산소를 공급하기 위해 탑재된다.
Flash Light	비상사태 시 승객을 비상구로 유도하고 신호를 보내며, 야간에 시야 확보를 위한 용도로 사용된다.
Megaphone	비상 탈출 시 승객 탈출을 지휘하거나, 기타 안내 시 사용된다.
ELT	Emergency Locator Transmitter. 구조요청을 위한 전파를 발신하는 장비이다.
PBE	Protective Breathing Equipment. 기내 화재 진압 시 연기 및 유독성 가스로부터 호흡 및 안면을 보호하고 시야를 확보하기 위해 사용된다.
AED	심실 자동 제세동기(Automated External Defibrillator). 비행 중 갑작스러운 심장 기능 이상으로 의식, 호흡, 맥박이 없는 심장마비 환자에게 사용하여 심장의 기능을 소생시킬 목적으로 사용된다.
Smoke Detector	화장실에서 발생하는 연기를 감지하여 경보 신호를 발신함으로써 화재 발생 사실을 조기에 감지하는 장치이다.
Crash Axe	비상사태 발생 시 사용되는 손도끼가 Cargo 내부 Cargo Access 도어 옆에 있다.
FAK	First Aid Kit. 비행 중 승객의 사고 및 질병 발생 시 사용하기 위해 기내에 탑재되는 의약품이다.
Banyan Kit	장거리 비행에서 응급환자 발생 시 간단한 수술을 할 수 있도록 수술 도구가 들어 있으며, 의사만 사용할 수 있다.
Pocket Mask	환자에게 구조 호흡을 실시할 때 감염을 예방하기 위해 사용된다.

Safety Demonstration | ChameleonsEye/Shutterstock.com

▸ 보안 장비

기내 보안 장비는 기내 난동자 발생 등 탑승객에 의한 기내 안전을 위협하는 상황이 발생했을 때 항공기 및 탑승객, 승무원의 안전을 위해 탑재되는 장비이다.

보안 장비로는 비상벨, 가스분사기, 전기충격기, 포승줄, 수갑, 플라스틱 타이 랩(Tie Wrap), 방폭 담요, 방탄 재킷 등이 있다.

(2) Passenger Briefing/Safety Demonstration 준비

최근에 운항하는 대부분의 항공 기종은 보통 안전에 대한 승객 브리핑(Passenger Briefing)을 개인용 모니터로 상영하므로 시스템 점검을 통해 확인하면 되나, 일부 소형 기종의 경우 또는 시스템 고장으로 인해 개인용 모니터로 상영이 어려운 경우에는 승객 브리핑을 승무원이 직접 시연해야 하므로 Safety Demonstration 장비가 탑재되어 있는지 확인해야 한다.

(3) 승객 좌석 주변 점검

PSU(Passenger Service Unit)의 작동 상태, 좌석 등받이 젖힘 상태, 구명조끼 장착 여부, 좌석 테이블 고정 상태, 개인 모니터 작동 상태 등을 확인하여 승객들이 비행 중에 불편이 없도록 한다.

▶ 헤드 레스트 커버(Head Rest Cover)

청결 상태를 확인하여 교체가 필요한 경우에는 조치한다.

▶ 좌석 앞 주머니 속의 내용물(Seat Pocket Item)

기내지, 기내 면세품 안내서, 비상 탈출 안내문(Safety Instruction Card), 구토 봉투 등의 탑재 여부를 확인한다.

▶ 좌석 위 선반(Overhead Bin)

선반을 열어 내부를 확인하여 미확인 물건이 있지는 않은지 확인하고, 승객 탑승 시 짐을 올릴 수 있도록 한다.

승객 좌석 주변 점검 내용

- 구명조끼 정위치
- 호출 버튼/ 독서등/ 좌석 오디오 작동 상태
- 헤드 레스트 커버 청결 상태
- 좌석 앞 주머니 속 내용물
- 공기 환기(Air Ventilation) 상태
- 베개/ 담요/ 좌석 주변
- 좌석 위 선반 청결 상태

헤드 레스트 커버 점검

좌석 앞 주머니 점검 | MoreGallery/Shutterstock.com

(4) 기내 시스템 작동 상태 확인

기내 엔터테인먼트(Entertainment) 시스템을 비롯하여 비행 중 사용하는 기내와 갤리 내의 각종 장비 및 시스템이 정상적으로 작동하는지 확인한다.

기내 시스템 점검 내용

- PSU(Passenger Service Unit) 시스템 작동 상태
- Pre-Recorded Announcement System 작동 상태
- 조명 조절 시스템 작동 상태
- 온도 조절 시스템 작동 상태
- Air Show 작동 상태
- 워터 게이지(Water Gauge)
- 오디오/비디오 장비 작동 상태
- 갤리 장비 점검
  - 갤리에 설치된 장비의 작동 여부를 확인한다.
  - Water Boiler, 커피 메이커, 워터 게이지, 쓰레기통, 핫 컵(Hot Cup), 쓰레기 압축기, 워머(Warmer), 리프트(Lift), 냉장고, 아이스 드로어(Ice Drawer) 등
- 화장실 점검
  - 화장실의 청결 상태 및 장비의 작동 여부를 확인한다.

(5) PA 상태 확인

PA(Public Address) 테스트를 통해 기내 방송을 할 때의 음량 및 잡음 발생 여부를 확인한다.

(6) 서비스 관련 준비

서비스와 관련하여 확인해야 할 사항은 다음과 같다.

▸ 갤리 내 장비 및 설비 확인

Water Boiler, 냉장고, 커피메이커, 오븐 등이 정상적으로 작동하는지 확인한다.

▸ 서비스 기물

기내 서비스에 필요한 각종 기물, 예를 들면 바스켓, 커피포트, 아이스 버킷(Ice Bucket), 아이스 집게(Ice Tong), 서비스 트레이(Service Tray) 등이 맞게 탑재되었는지 확인하고 사용이 가능한 상태인지도 확인한다.

▸ 기내식

서비스 횟수와 예약 승객 수를 기준으로 Entrée 및 트레이(Tray)의 개수가 맞게 탑재되었는지 확인하고 메뉴 북의 메뉴와 내용물이 일치하는지도 확인한다. 또한, 기내식의 보관 상태를 확인하고 특별 기내식(Special Meal)이 있는 경우 승객이 주문한 개수와 메뉴가 맞는지 확인한다.

▸ 기내 음료

예약 승객 수와 대비하여 탑재량을 확인한다. 탑재되는 기내 음료는 와인, 맥주, 위스키 등 알코올음료와 탄산음료류, 주스류, 생수 및 커피/차 등 비알코올 음료가 있다.

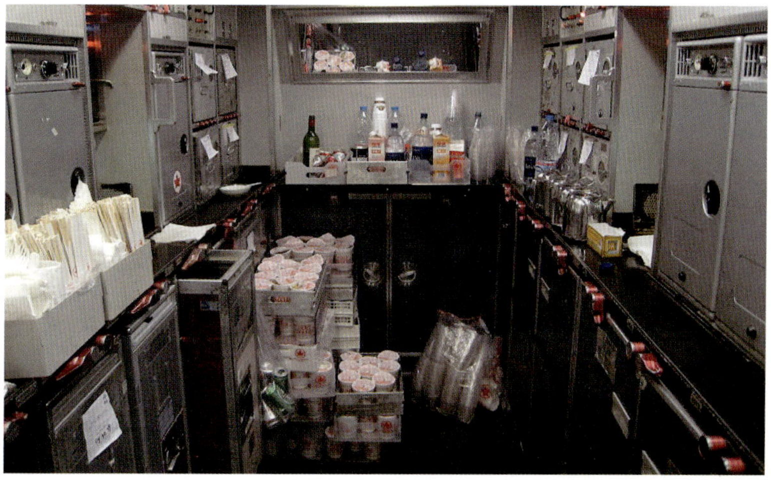

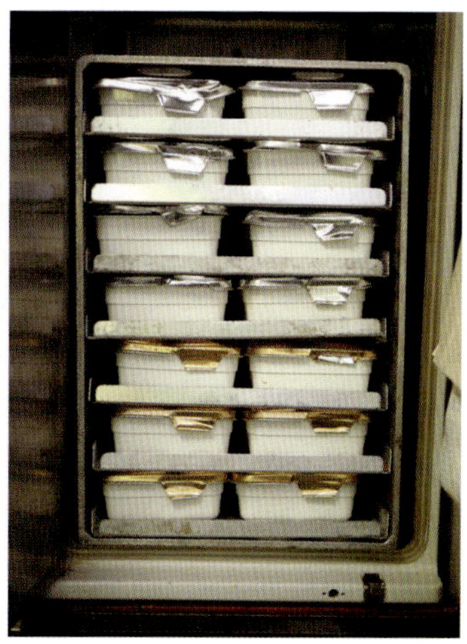

갤리 내 서비스 용품, 음료 카트, 오븐 내 Entrée 등 서비스 관련 준비 내용
| w:User:AcidBomber, CC BY-SA 3.0(상단), Ko Aun Lee/Shutterstock.com(하단 좌)

▸ 서비스 용품

종이컵, 플라스틱 컵, 냅킨, 타월, 화장실 용품, 신문, 잡지 등이 서비스 유형에 맞게 탑재되었는지 확인한다.

서비스 용품 확인 내용

- 드라이 아이템(Dry Item)
  : 크리넥스(Kleenex), 롤 페이퍼(Roll Paper), 핸드 페이퍼 타월(Hand Paper Towel), 위생용품(Sanitary), 변기 커버, 3oz 컵, 8oz 컵, 냅킨, Liquid Soap 등
- 신문, 잡지, 기내 도서

(7) 지상 서비스(Ground Service) 준비

▸ 신문 및 잡지 준비

신문은 서비스 트롤리(Service Trolley)에 신문 제호가 보이도록 세팅한다. 그리고 잡지 및 독서물은 기내 잡지꽂이(Magazine Rack)에 비치하여 승객이 탑승 시 또는 비행 중에 직접 선택하여 이용할 수 있도록 준비한다.

잡지 세팅 I Sorbis/Shutterstock.com(좌)

▸ 화장실 세팅

화장실 내에 칫솔 세트, 간단한 화장품, Kleenex, Roll Paper, Hand Paper Towel 등 필요한 물품들을 점검하고 세팅한다.

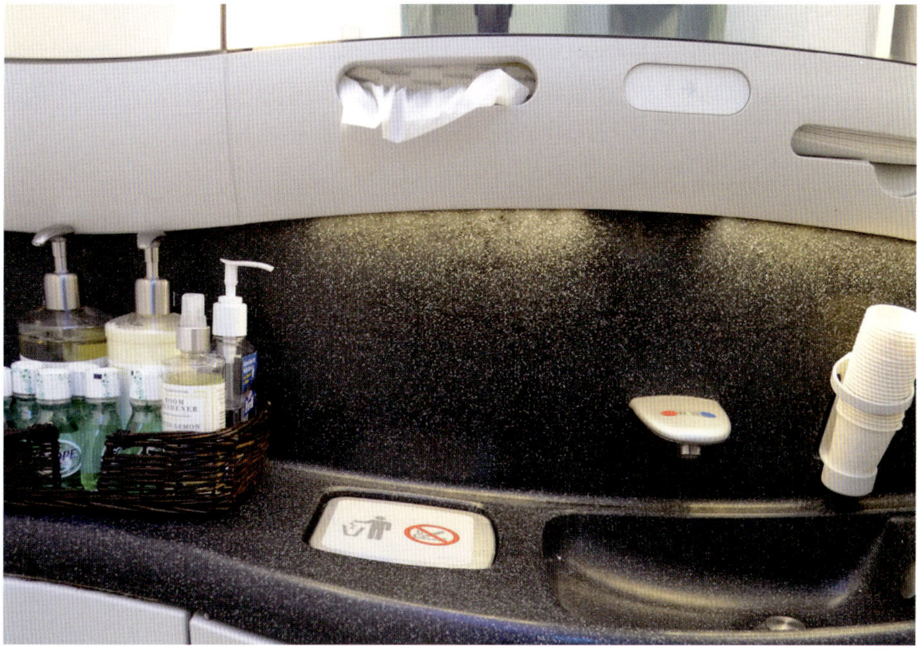

화장실 세팅

▶ 각종 서비스 기물 점검

각종 서비스 기물을 점검하고 미탑재 시 보고한다.

▶ 기내 면세품 인수 및 확인

탑재된 기내 면세품의 종류 및 수량을 관련 서류를 바탕으로 확인하고 정확히 인수한다.

▶ Boarding Music 및 Air Show 작동

각 승무원들은 위의 사항들을 점검하여 미비하거나 부족한 부분에 대해서는 '주니어(Junior) 승무원 → 각 객실 등급 시니어 승무원 → 객실사무장' 순서의 절차를 통해 보고하며, 객실사무장은 지상 직원(Ground Staff)과 연락하여 조치해야 하고, 승객 탑승 시작 전까지 모든 준비를 완료하도록 한다.

2. 승객 탑승부터 이륙 전까지 기내 업무

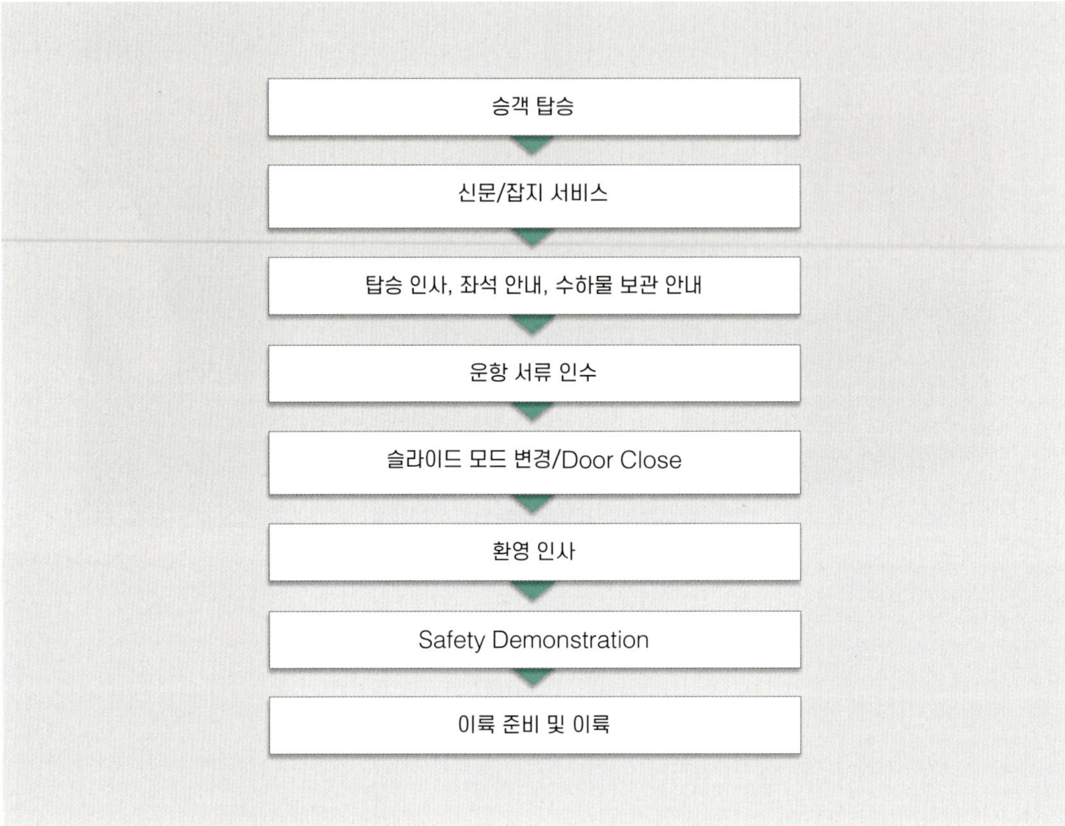

표 | 승객 탑승 후부터 이륙 전까지의 기내 업무 절차

1) 승객 탑승 시 기내 업무

국제선은 일반적으로 항공기 출발 30분 전에 승객 탑승이 시작된다. 객실승무원들은 모든 비행 준비를 마치고, 용모와 복장을 단정하게 갖추고 각자 담당 구역의 정해진 위치에서 대기한다. 승객과 만나는 첫 순간이니만큼 승객의 탑승을 환영하는 마음을 담아 밝은 표정으로 좋은 첫인상을 줄 수 있도록 한다. 승객 탑승이 시작되면 반가운 인사와 함께 좌석을 안내하고 휴대한 수하물 보관에 대해 안내하도록 한다.

(1) 환영 인사

단정한 복장을 갖추고 담당 구역의 비상구 근처나 복도에 대기하여 밝은 표정으로 승객을 맞이한다. 아이 콘택트(Eye Contact)를 하며 승객 개개인에게 인사한다.

승무원의 승객 탑승 환영 인사 | Sorbis/Shutterstock.com(우)

(2) 좌석 안내

승객의 탑승권(좌석 번호)을 확인하고 신속하게 안내한다. 탑승권을 주고받을 때는 양손을 가지런히 하여 손바닥으로 받으며, 되돌려 줄 때는 왼손으로 오른손을 받쳐 공손하게 돌려준다.

승객이 좌석 변경을 요구하는 경우에는 최대한 해결하려고 하는 적극적이고 상냥한 태도로 응대한다.

▸ Double Seat(한 좌석에 두 명의 승객이 배정된 경우)이 발생했을 때

- 먼저 공손하게 사과한 후 두 승객의 탑승권을 모두 확인한다.
- 이때 먼저 앉아 있는 승객이 우선이므로, 나중에 온 승객에게 양해를 구하고 가까운 갤리 또는 빈 좌석으로 안내한 후 객실사무장에게 신속하게 보고하여 좌석을 재배정받을 수 있도록 한다.
- 대기 중인 승객을 새로 배정받은 좌석으로 안내하고, 탑승권은 승객이 좌석에 앉은 후 정중히 돌려준다.

▸ 비상구 옆 좌석 착석 안내

좌석 안내 절차 중 하나로서 객실승무원은 비상구 옆 좌석에 앉은 승객을 확인해야 한다. 해당 승객은 비상상황이 발생하여 기내로부터 비상 탈출을 하는 경우, 승무원의 지시에 따라 다른 승객들의 탈출을 도와야 하므로, 해당 승객이 이러한 임무의 수행을 원하지 않거나 수행할 수 없는 경우에는 승무원에게 요청하여 좌석 재배치를 받도록 해야 한다.

비상구 옆 좌석 착석 안내 | MoreGallery/Shutterstock.com

비상구 옆 좌석에 착석할 수 없는 승객

- 신체적인 장애로 비상 탈출의 임무를 수행할 수 없는 경우
- 15세 미만의 승객으로 기내에서 성인의 도움이 필요한 경우
- 승무원의 구두 지시를 이해하지 못하는 경우
- 시각, 청각, 언어 구사에 지장이 있는 경우
- 유아 또는 응급상황 시 도움이 필요한 사람과 함께 여행하는 경우

(3) 휴대 수하물 보관 안내

승객들의 기내 반입 수하물 중 일반적인 짐은 좌석 위 선반(Overhead Bin)에 보관하고, 선반에 보관하기에 무거운 짐 또는 깨지기 쉬운 물건 등은 좌석 밑에 보관하도록 안내한다. 아기나 어린이를 동반하고 탑승하는 승객이나 노약자 등 외관상 도움이 필요하다고 판단되는 승객이나 도움을 요청하는 승객에게는 짐을 올리거나 옮기는 등의 직접적인 도움을 준다.

아울러 좌석 위 선반에 보관된 물건이 떨어져 승객이 상해를 입지 않도록 휴대 수하물의 보관 상태를 철저히 확인하며, 비상구 주변이나 복도에 짐을 놓지 않도록 한다.

승객이 승무원에게 짐을 맡기는 경우에는 위탁품에 승객의 좌석 번호를 기재한 Tag를 부착하고, 동료 승무원에게 알려준다. 모든 위탁품은 하기 시 승객에게 돌려준다.

승객 탑승 때 다음과 같은 상황에서 어떻게 응대하면 좋을까?

- 화장실 사용 승객
- 좌석을 옮기고자 하는 승객
- VIP, CIP 승객

2) 지상 서비스 및 출발 준비

승객의 탑승이 시작되고 항공기가 이륙하기 전까지의 서비스를 지상 서비스(Ground Service)라고 한다. 승객 탑승 후 이륙 전까지의 지상 서비스 유형이나 방법은 항공사 또는 탑승 좌석 등급별로 차이가 있다. 일반석을 기준으로 진행되는 지상 서비스는 일반적으로 신문 서비스와 입국 서류 서비스, 안전한 비행을 위해 안내하는 서비스 등이 있다.

(1) 신문, 잡지 서비스

신문은 서비스 카트 또는 트롤리(Trolley) 위에 종류별로 신문 제호가 잘 보이도록 세팅하여 탑승구 입구에 두어 승객들이 탑승할 때 원하는 신문을 가지고 탑승할 수 있도록 한다. 잡지는 객실 내 각 구역의 잡지꽂이(Magazine Rack)에 꽂아 비행 내내 승객들이 이용할 수 있도록 한다.

신문·잡지 서비스 | Sorbis/Shutterstock.com

(2) 출항 서류 인수

승객 탑승이 끝나면 객실사무장은 지상 직원으로부터 승객 및 화물의 운송과 관련된 출항 서류(Ship Pouch)를 인수하고, 그 내용물의 이상 유무를 확인한다.

출항 서류의 내용물

- 항공기 서류(G/D, P/M, C/M)
  - G/D: General Declaration
  - P/M: Passenger Manifest
  - C/M: Cargo Manifest
- 출입국 서류(출입국 카드, 세관신고서, 검역 설문서)
- SHR(Special Handling Request)
- TWOV(Transit Without Visa), UM(Unaccompanied Minor), Deportee 관련 서류
- Flight Coupon
- 목적지 공항에 전달할 회사 서류

▸ SHR

SHR(Special Handling Request)은 항공기 탑승 승객의 정보가 기재된 서류이다. 승객의 인적 사항, 서비스 요구 사항, 특별 기내식 주문 사항, UM, VIP, CIP, TWOV 등 승무원이 고객 서비스를 위해 참고해야 할 사항 등이 기재되어 있다.

(3) Door Close

승객 탑승이 끝나고 지상 직원으로부터 출항 서류를 인수한 후 출발 준비가 완료되면 객실사무장은 기장에게 탑승한 승객의 수, 특이사항 등을 보고한 후 기장의 허가를 받아 항공기 문을 닫는다. 객실사무장은 아래 사항을 확인한 후 Door Close한다.

- 객실승무원 및 승객 수 확인
- 지상 직원 잔류 여부 확인(안내 방송)
- Weight & Balance의 Cockpit 전달 여부
- 출항 서류 확인
- 추가로 주문한 서비스 용품의 탑재 여부

3) 이륙 준비 및 이륙

(1) 도어 및 슬라이드 확인

항공기 문을 닫고 나면 객실사무장은 방송을 통해 승무원들에게 슬라이드(Slide) 위치 변경을 지시한다. 방송에 따라 각 도어별로 담당 승무원은 슬라이드 모드를 변경해야 한다. 각 도어에 장착된 슬라이드는 비상시에 항공기 탈출을 쉽게 하기 위한 탈출 미끄럼대이다. 지상 모드인 경우에는 도어를 열어도 슬라이드가 팽창하지 않고 도어만 열리지만, 비행 모드인 상태로 도어를 여는 경우에는 슬라이드가 팽창하여 미끄럼틀이 된다. 따라서 승무원들은 정상적인 상황에서 항공기 도어를 열기 전에는 슬라이드 모드를 반드시 지상 모드로 변경해야 한다. 비행 모드인 상태에서 도어를 열었을 경우 사고로 이어질 수 있기 때문이다.

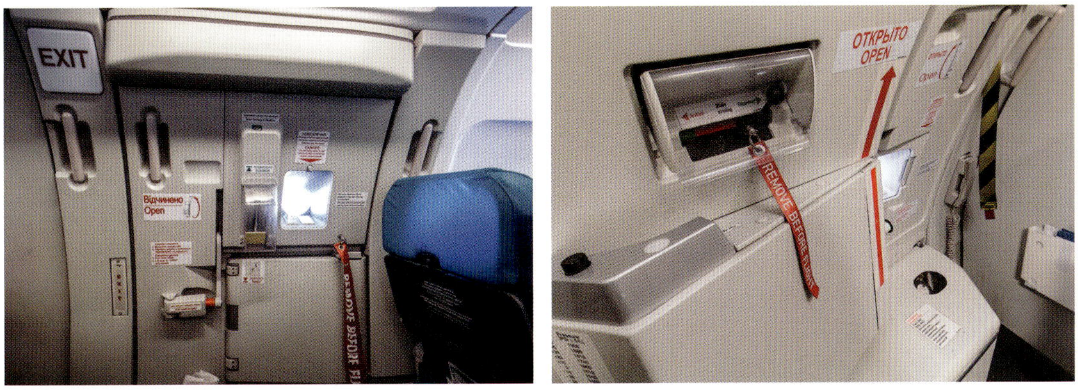

슬라이드 모드 변경 | Almaz Mustafin/Shutterstock.com(우)

(2) 탑승 환영 방송 및 인사

탑승 환영 방송(Welcome Announcement)은 슬라이드 모드로 변경을 완료한 후 방송 담당자(최상위 방송 자격자)가 실시한다. 전 승무원은 방송 시작 전에 담당 구역에서 대기하고 있다가 방송에 맞춰 승객을 향해 환영 인사를 한다.

탑승 환영 방송은 비행편명, 비행시간 등 해당 비행에 대한 전반적인 정보와 비행 시 주의해야 할 사항 등의 내용으로 구성되어 있다.

(3) Passenger Briefing/Safety Demonstration

탑승 환영 방송이 끝난 후에는 승객에게 비상상황을 대비하여 비상구 위치와 이용 방법, 구명복(Life Vest) 및 산소마스크의 위치와 사용법 등에 관하여 비디오로 상영하거나 객실사무장의 방송에 맞춰서 승무원이 직접 시연해야 한다. Safety Demonstration이란 비행할 때마다 비상 장비 사용 및 비상 탈출에 대한 안내로 비행 시 반드시 실시해야 하며, 비상시 승객의 탈출을 도와 인명을 구할 수 있는 중요한 시범이다.

▶ Passenger Briefing/Safety Demonstration의 내용

- 비상구·비상등 위치
- 좌석벨트 사용법
- 산소마스크 위치 및 사용법
- 구명복 위치 및 사용법
- 안전 카드(Instruction Card) 위치 및 소개
- 기내 흡연 및 전자기기 사용에 관한 규정 안내 등

탑승 환영 방송

손님 여러분, 안녕하십니까?

저희 (항공사명)항공은 여러분의 탑승을 진심으로 환영합니다. 이 비행기는 [(경유지명)을 거쳐] (목적지 도시명)까지 가는 (항공사명)항공 ________편입니다.

목적지인 (목적지 도시명)까지 예정된 비행시간은 이륙 후 _____시간 _____분입니다.

오늘 (기장 성명) 기장을 비롯한 저희 승무원들은 여러분을 정성껏 모시겠습니다.

출발을 위해 좌석벨트를 매주시고 등받이와 테이블을 제자리로 해 주십시오.

그리고 휴대전화 등 전자기기는 무선통신 기능이 꺼진 상태에서 사용하실 수 있으며, 노트북 등 큰 전자기기는 좌석 하단 또는 기내 선반에 보관해 주시기 바랍니다.

비행 중 여러분의 안전을 담당하는 안전요원인 승무원의 지시에 협조해 주시기 바라며, 계속해서 기내 안전에 관해 안내해 드리겠습니다. 잠시 화면을 주목해 주시기 바랍니다.

감사합니다.

Good morning(afternoon/evening), ladies and gentlemen.

Captain (Family Name) and the entire crew are pleased welcome aboard (항공사명). This is flight ____ bound for (목적지 도시명) [via (경유지명)].

Our flight time to (목적지 도시명) will be _____hour(s) _____minutes after take-off.

During the flight, our cabin crew will be happy to serve you in any way we can.

To prepare for departure, please fasten your seatbelt and return your seat and tray table to the upright position.

You are allowed to use your electronic devices during the flight as long as they are set to flight mode. However, larger devices such as laptop computers must be stored under your seat or in the overhead bins during take-off and landing.

Please fully cooperate with cabin crew who act as safety officers during the flight. And for your safety, please direct your attention for a few minutes to the video screens for safety information.

Thank you.

Safety Demonstration
| ThamKC/Shutterstock.com(상단), Sergey Smolentsev/Shutterstock.com(하단 좌), Akimov Igor/Shutterstock.com(하단 우)

(4) 이륙 전 안전 점검/승무원 착석

Passenger Briefing/Safety Demonstration이 끝나면 전 승무원은 이륙 준비를 위해 담당 구역, 갤리, 비상구 주변 등에 대해 안전 점검(Safety Check)을 실시하고, 점검이 끝나면 승무원들도 담당 도어 옆의 Jump Seat에 착석하여, 좌석벨트를 착용하고 30 Seconds Review를 실시한다.

안전 점검 내용

- 승객 착석 및 좌석벨트 착용 여부
- 좌석 등받이, 좌석 앞 테이블, 발 받침대 등의 위치
- 좌석 위 선반 잠금(Locking) 상태 확인 및 승객 휴대 수하물 보관 위치 확인
- 비상구 주변 및 복도에 방치된 짐은 없는지 확인
- 유아 동반 승객 돌봄
- 화장실 안 승객 유무, 시설물 고정 확인
- 갤리 내 모든 기물의 잠금 상태 확인 및 유동 물건 고정 등

30 Seconds Review란?

실제 항공 사고의 통계를 보면, 항공 사고의 70~80%가 '마의 11분(Critical 11 Minutes)', 즉 이륙할 때의 3분과 착륙할 때의 8분 동안 발생한다고 한다.

'30 Seconds Review'란 만약의 비상사태 발생에 대비하여 비상사태가 발생했을 때 객실승무원이 취해야 할 행동 요령에 대해서 항공기가 이착륙하는 30초 동안 Review하여 만일의 사태에 신속하게 대처할 수 있게 하는 것을 말한다.

(5) 이륙

비상상황 발생 시 외부 환경에 적응하고 즉각적으로 대처할 수 있도록 이륙(Take-Off)할 때 기내 조명은 어두운(Dim) 상태로 조절한다.

03
이륙 후 기내 업무

항공기가 이륙한 후 순항고도(Cruising Altitude)에 진입하게 되면 기장은 '좌석벨트 표시등(Fasten Seatbelt Sign)'을 끔으로써 객실승무원에게 서비스를 시작하라는 사인을 주게 된다. 이때 기내 방송 담당 승무원은 '좌석벨트 항시 착용 방송'을 실시한다. 이 시점부터는 승객들도 기내에서의 이동이 가능하지만, 비행 중 갑자기 발생할 수 있는 기체 요동에 대비하여 승객들의 안전을 위해, 승무원은 승객들이 좌석에 앉아 있는 동안에는 좌석벨트를 항상 매고 있도록 안내한다. 난기류로 인해 비행기가 심하게 흔들리는 경우를 제외하고는 식음료를 포함한 각종 기내 서비스가 제공되며, 기내 서비스의 종류와 내용은 항공사별, 노선별, 비행시간별, 좌석 등급별로 차이가 있다.

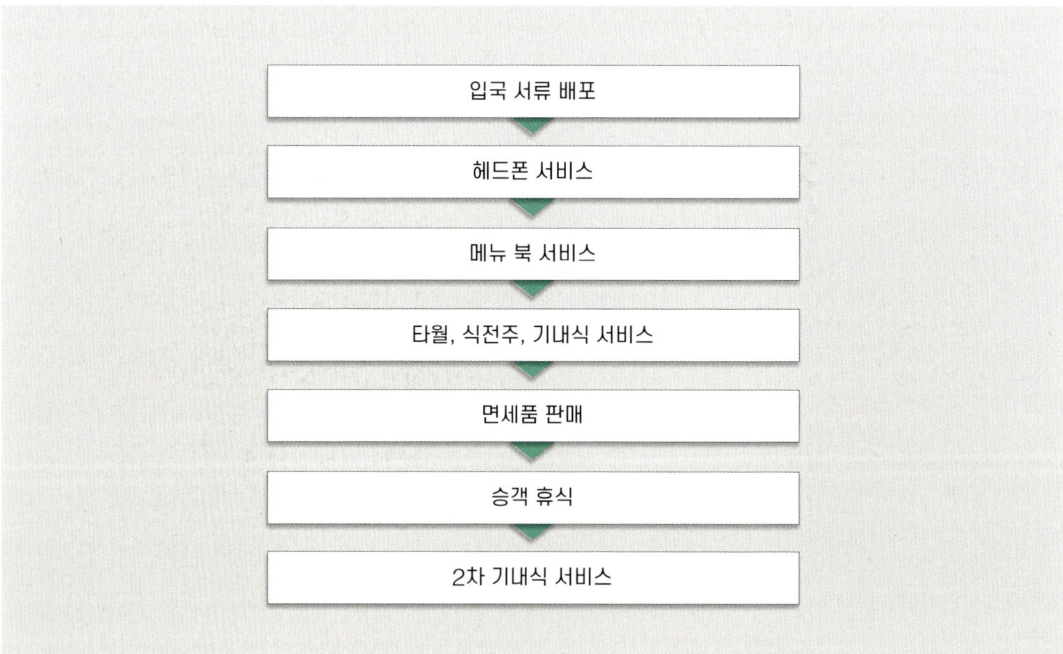

표 | 이륙 후 기내 업무 절차

구분		기내 서비스 순서							
지역	도시	1h ~ 2h	3h	4h	5h	6h ~ 7h	8h ~ 9h	10h	11h
동북 아시아	전편	식사, 음료, 면세품 판매							
동남 아시아	냐트랑, 다낭, 마닐라, 방콕, 세부, 싱가포르, 클라크필드, 푸켓, 프놈펜, 하노이, 호치민, 푸꾸옥	식사, 음료, 면세품 판매		음료					
	자카르타	식전 음료, 식사, 음료	면세품 판매		음료, 간단한 식사				
몽골	울란바타르	식사, 음료, 면세품 판매							
중앙 아시아	알마티	식전 음료, 식사, 음료	면세품 판매		음료, 간단한 식사				
	타슈켄트	식사, 음료, 면세품 판매			음료, 간단한 식사				
미국	뉴욕, 로스앤젤레스, 샌프란시스코, 시애틀, 호놀룰루	식전 음료, 식사, 음료	면세품 판매	음료	간식	음료	음료, 식사, 음료		
유럽	런던(히드로), 이스탄불, 파리(드골), 프랑크푸르트	식전 음료, 식사, 음료	면세품 판매	음료	간식	음료	음료, 식사, 음료		
	인천/로마 인천/베네치아 인천/바르셀로나	식전 음료, 식사, 음료	면세품 판매	음료		식사, 음료	음료		간식, 음료
	로마/인천 베네치아/인천 바르셀로나/인천	식전 음료, 식사, 음료	면세품 판매	음료	간식	음료	음료, 식사, 음료		
대양주	시드니	식전 음료, 식사, 음료	면세품 판매	음료	간식	음료	음료, 식사, 음료		
	사이판, 팔라우	식사, 음료, 면세품 판매		음료					

식사 Meal · 간단한 식사 Light Snacks · 간식 Refreshment · 식전 음료 Aperitif · 음료 Beverages · 면세품 판매 Flight Sales

표 | 기내 서비스 순서

출처 | 아시아나항공 홈페이지(https://flyasiana.com/)

미국 입국서류-세관신고서

1. 입국 서류 서비스

이륙 후 승무원들은 목적지 국가 입국에 필요한 서류를 승객들에게 배포한다. 승무원은 목적지 국가의 CIQ 절차 및 입국 서류에 대해 탑승 근무 전 정확한 내용을 숙지해서 승객 안내에 차질이 없도록 해야 한다. 서류 서비스는 지상(Ground)에서 충분한 시간적 여유가 있으면 지상에서도 서비스가 가능하다.

노약자나 UM(비동반 소아)과 같이 서류 작성에 도움이 필요한 승객에 대해서는 적극적으로 서류 작성을 도와주며, 목적지 공항 도착 전에는 필요한 서류를 다 구비하고 있는지 확인한다. 입국 신고서, 세관신고서, 볼펜 등을 트레이에 세팅하여 서비스한다.

2. 헤드폰 서비스

항공 기술이 발전함에 따라 승객들은 기내 엔터테인먼트 시스템을 이용하여 비행시간 내내 여러 종류의 영화와 단편물, 다양한 장르의 음악뿐만 아니라 게임까지도 즐길 수 있게 되었다. 이를 위해 승객들에게 헤드폰을 제공하게 되는데, 주로 미주, 구주, 동남아 등 비행시간이 3시간 이상의 중장거리 노선에서 서비스한다. 외국 항공사의 경우 유료로 제공하기도 하지만 국내 대형 항공사에서는 무료로 제공한다.

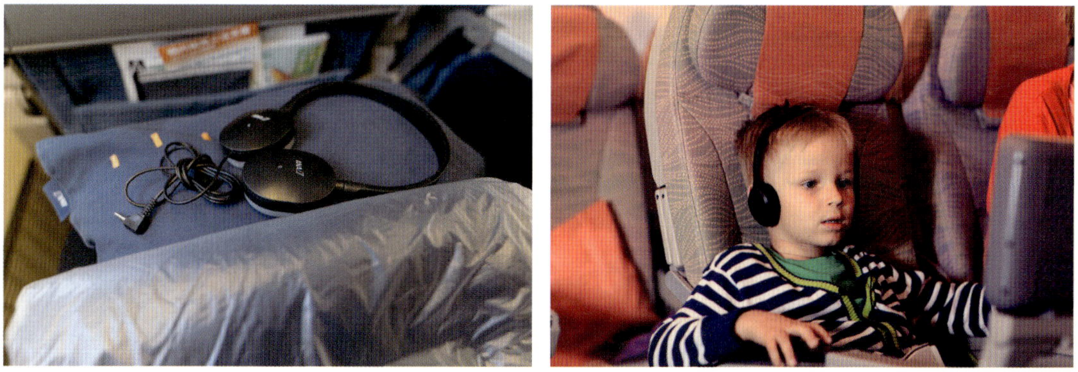

헤드폰 서비스 | Peanut17/Shutterstock.com(좌)

서비스 방법은 승객 탑승 전 승객의 좌석 앞 주머니 속에 미리 세팅하거나, 이륙 후 트레이나 바스켓에 헤드폰을 세팅하여 서비스하며, 헤드폰 사용에 도움이 필요한 승객에게는 서비스와 함께 채널 조정 및 볼륨 조절 방법 등 사용법을 설명해 준다.

3. 메뉴 북 서비스

기내 식음료 서비스는 노선별, 좌석 등급별로 제공되는 종류와 내용이 다르므로 당일 제공하는 기내 식음료를 소개하는 메뉴 북을 서비스하여 승객들의 메뉴 선택에 도움을 준다.

특히 상위 클래스에서는 코스로 식사가 제공되므로 메뉴 북을 서비스할 때 설명이 필요하다. 비행 전 준비를 할 때 메뉴 북의 메뉴 내용과 탑재된 기내식 메뉴가 일치하는지 확인해야 하며, 해당 페이지의 정면이 승객에게 보이도록 서비스하며, 식사 시간 전에 식사 서비스가 시작될 것을 미리 안내한다.

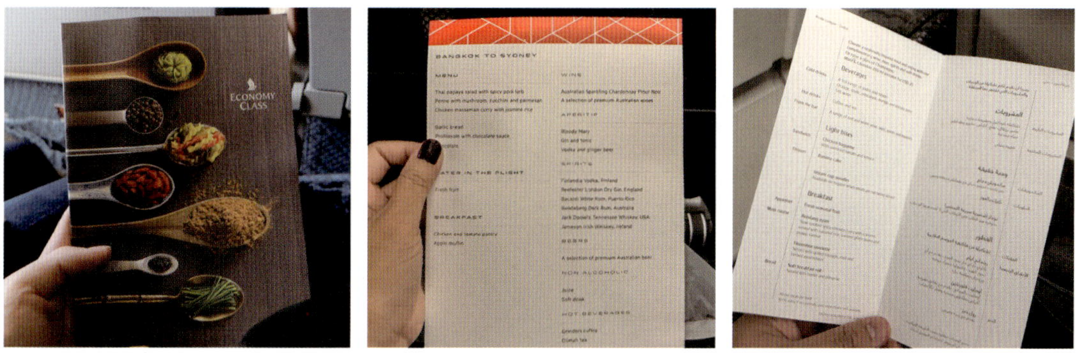

메뉴 북
| Darren Kurnia/Shutterstock.com(좌), Mayuree Moonhirun/Shutterstock.com(중앙), Mohd Syis Zulkipli/Shutterstock.com(우)

싱가포르항공의 'Book The Cook' 서비스
- 30,000ft 상공에서 경험하는 Fine Dinning

싱가포르항공은 1998년 9월, 세계 최초로 세계적으로 인정받은 국제 요리 수상 경력의 요리사들로 국제요리사자문단(International Culinary Panel: ICP)을 구성해 다양하고 독특한 기내 식단을 개발하고 있다. 특히 'Book The Cook' 서비스는 싱가포르항공의 기내식 예약 서비스로 싱가포르 외 다양한 노선에서 출발지(국가)에 대한 셰프들의 영감이 깃든 주요리를 비롯한 다양한 메뉴를 미리 주문할 수 있다.

스위트석, 퍼스트석, 비즈니스석에서는 'Book The Cook' 서비스를, 프리미엄 이코노미석에서는 'Premium Economy Book The Cook' 서비스를 제공하고 있으며, 출발 24시간 전에 예약이 가능하다.

출처 | https://www.singaporeair.com/

4. 기내 식음료 서비스

기내식 서비스는 음료와 식사 서비스로 이루어진다. 기내 식음료 서비스의 내용과 순서는 서양식을 기준으로 진행된다. '타월 → 식전 음료 → 메인 식사 → 디저트 & 커피 또는 티'의 순서로 서비스되며, 일반석은 트레이 위에 미리 세팅되어 한꺼번에 제공되며, 상위 클래스에서는 코스에 따라 순서대로 서비스된다.

1) 타월 서비스

타월은 서비스 타입에 따라 일회용(Disposable) 또는 일반 타월이 서비스된다. 일회용 타월은 뜨거운 물을 부어 따뜻하게 서비스하고, 일반 타월은 오븐에서 데워(Heating) 서비스한다. 서비스 방법 및 주의할 사항은 다음과 같다.

- 타월은 서비스 전에 온도, 습도, 냄새 등을 점검한다.
- 타월은 바스켓에 담아 타월 전용 스프레이를 뿌리고 전용 집게(Tong)를 사용하여 서비스한다.
- 타월을 서비스할 때는 뜨거운 것임을 알려서 승객이 놀라지 않도록 하며, 사용 후 바로 회수하도록 한다.

2) 식전 음료 서비스

서양식에서는 식사를 시작하기 전에 식전 음료를 먼저 마신다. 즉 식전 음료(Aperitif)란 식욕 증진을 위한 음료로서 알코올 등의 자극으로 타액의 분비를 자극해 식욕을 증진시키는 음료를 말한다. 항공사에서 제공하는 기내식은 서양식을 기본으로 하므로 식사를 제공하기 전에 식전 음료 서비스(Aperitif Service)를 제공한다. 식전 음료는 칵테일, 와인, 샴페인, 주스, 탄산음료(Soft Drink) 등과 같이 차갑고 새콤한 맛으로 식욕을 자극하는 음료가 대부분이다. 식전 음료는 보통 차갑게 서비스해야 하므로 냉장고나 얼음 등을 이용하여 미리 차게(Chilling) 준비하고, 콜라와 같은 탄산음료는 서비스할 때 얼음과 함께 제공한다.

식전 음료 서비스는 서비스 타입과 특징에 따라 트레이에 미리 세팅하여 서비스하거나, 카트 위에 종류별로 음료수를 세팅하여 고객의 주문을 받아 서비스한다. 카트를 이용하여 식전 음료를 서비스하는 방법과 유의해야 할 사항은 다음과 같다.

- 세팅된 음료의 종류를 설명하고 고객의 주문을 받아 서비스한다.
- 음료를 제공할 때에는 종이 냅킨(Paper Napkin)과 함께 먼저 제공하고, 이어서 견과류(Nuts)를 제공한다.
- 만 18세 미만의 미성년자에게는 알코올음료를 제공할 수 없으며, 어린이에게 견과류를 제공할 때는 견과류 알레르기 여부를 확인하고 보호자의 허락을 받은 후 제공한다.
- 승객이 주문한 음료가 카트 내에 없어서 즉시 제공할 수 없는 경우에는 반드시 양해를 구하고 대체 음료를 권하거나, 주문한 음료를 따로 준비하기 위해 기다리는 경우에는 대체 음료를 서비스한다.
- 서비스의 흐름에 따라 리필(Refill) 서비스를 실시한다.

식전 음료 서비스 | First Class Photography/Shutterstock.com

3) 식사 서비스

기내식의 종류와 내용은 비행시간별, 좌석 등급별, 서비스 제공 시간대에 따라 차이가 있다. 비행시간 2시간을 기준으로 하여 기내식 내용에 차이가 있는데, 비행시간 2시간 이내의 단거리 노선에서는 Cold Meal이 제공되며, 비행시간 2시간 이상의 중장거리 노선에서는 Hot Meal이 제공된다. 또한, 비행시간 6시간을 기준으로 서비스 횟수가 달라지는데, 6시간 미만의 경우 1회, 6시간 이상인 경우는 2회, 12시간 이상인 경우에는 3회 제공된다.

식사 서비스를 하는 방법과 서비스 시 유의사항은 다음과 같다.

- 식사 서비스 시작 전에 본인이 서비스할 식사 종류를 직접 육안으로 확인한 후, 서비스할 때 고객에게 제공되는 메뉴의 종류, 내용, 조리법에 대해 설명하여 고객들이 쉽게 선택할 수 있도록 한다.
- 메뉴의 종류가 2가지 이상일 때 식사 선택의 분배가 잘 이루어지도록 유의하고, 고객들이 한쪽으로 치우친 식사 선택을 할 때 적절한 안내로 조절한다.
- 식사 서비스를 할 때는 '식사 → 와인 → 음료 → 소스'의 순으로 한다.
- 식사 코스(Meal Course)에 알맞은 음료를 권함으로써 품격 높은 식사를 제공한다.

enchanted_fairy/Shutterstock.com

Sorbis/Shutterstock.com

Meal Type	Meal Code	Serving Time
Breakfast	BT	03:00~09:00
Brunch	BH	09:00~11:00
Lunch	LH	11:00~14:00
Dinner	DR	18:00~21:00
Supper	SR	21:00~24:00
Snack	SK	14:00~18:00/24:00~03:00
Refreshment		기타 시간

표 | 식사 서비스 시간에 따른 Meal Type

4) 와인 서비스

와인 서비스(Wine Service)는 중장거리 비행 시 제공되며 고객에게 식사 트레이(Meal Tray)를 제공한 후, 서비스하는 와인의 종류와 특성에 대해 간단히 설명한 후 고객의 주문을 받아 서비스한다.

- 와인 서비스를 할 때는 와인을 글라스에 따르기 전에 주문받은 와인 라벨(Wine Label)을 고객에게 보여준다.
- 와인글라스의 약 2/3까지 따르며, 와인 병 입구가 글라스에 닿지 않도록 약 1cm 정도 위에서 따른다.
- 고객이 다른 종류의 와인을 요청하는 경우에는 글라스를 바꾸어 서비스한다.
- 와인 서비스를 할 때 와인의 마지막 한 방울까지 서비스하지 않는다.

와인 서비스

다음의 예는 식사 서비스 도중에 발생할 수 있는 비정상 상황이다. 어떻게 응대하면 좋을까?

- 원하는 식사의 종류(Meal Choice)가 떨어졌을 때
- 식사를 하지 않는 고객
- 고추장 이외의 소스를 요청하는 고객
- 특별 기내식이 실리지 않았는데 요구하는 고객
- 특별 기내식을 요청했으나 일반 식사를 원하는 고객
- 수면을 취하느라 식사 서비스 도중 등받이를 원위치하지 않는 고객
- 식사 대신 라면을 원하는 고객
- Entrée 또는 빵을 더 요청하는 고객

5) 커피 & 티 서비스

커피는 신선한 상태로 서비스할 수 있도록 서비스 직전에 커피를 내리고, 커피포트는 청결 상태를 확인한 후 뜨거운 물로 예열한다. 커피 서비스를 할 때는 크림과 설탕도 함께 세팅한다.

홍차 서비스를 할 때 홍차와 어울리는 레몬, 설탕과 같은 Accompaniment를 함께 준비하여 고객들에게 권한다.

커피 & 티(Tea)와 같은 따뜻한 음료 서비스(Hot Beverage Service) 시에는 뜨거운 상태로 서비스해야 하며, 서비스하는 동안 뜨거운 커피와 티를 고객에게 흘려 화상을 입힐 수 있으니 주의해야 한다.

6) 식사 트레이 회수

식사 트레이 회수(Meal Tray Collection)는 승객의 90% 정도가 식사를 끝냈을 때 시작한다. 회수를 할 때는 맛있게 식사했는지 등의 인사와 더불어 더 필요한 것이 있는지 확인하고, 아직 식사 중인 고객이 재촉하는 느낌을 받지 않도록 주의한다.

5. 기내 면세품 판매

기내에서 판매하는 면세품의 내용은 술, 향수, 화장품, 액세서리, 지갑, 초콜릿, 항공사 로고 상품 등 그 종류와 가격이 매우 다양하며, 면세품이므로 가격이 저렴하다. 기내 판매는 대고객 서비스의 일환이라는 측면에서 중요한 서비스 내용 중 하나이며 많은 승객이 여행 선물로

기내 면세품을 이용하고 있다. 또한, 대부분의 항공사에서는 '면세품 사전 주문 제도'를 운영하고 있어 승객에게 더 나은 서비스와 편의를 제공하고 있다.

기내 면세품 구입 시 지불 가능한 수단은 신용카드, 현금(KRW, USD, EUR 등)과 여행자 수표(Traveler's Check) 등이 있으며, 환율 기준은 USD를 기준으로 하며, 환율의 변동에 따라 매월 조정된다.

기내 면세품 판매(In-Flight Sales)는 비행시간 및 시간대에 따라 다음과 같이 2가지 방법으로 실시한다.

1) Cart Basis 판매

주로 장거리 노선에서 실시하는 판매 방법으로 직접 면세품 실물을 고객에게 제시함으로써 보다 강한 구매 욕구를 불러일으킬 수 있다는 장점이 있다.

카트 탑(Cart Top)에 여러 종류의 면세품 상품 일부를 세팅하여 객실에 나가 판매하는 방법이다.

2) Order Basis 판매

주로 단거리 노선에서 식사 서비스가 끝난 후 Approaching 시점까지 실시하는 판매 방법으로, 고객들이 기내 면세품 안내 책자를 본 후에 구입하고자 하는 물건의 수량, 지불 화폐, 좌석 번호를 면세품 주문서에 기입해 승무원에게 전달하여 구입하는 방법이다.

기내 면세품 판매 | Paul Antonescu/Shutterstock.com

6. 기내 엔터테인먼트 서비스와 Walk-Around

기내 서비스가 끝나고 나면 승객들은 휴식을 취하거나 영화 또는 음악을 감상하면서 시간을 보내게 된다. 항공사들은 비행 중 승객들에게 즐거움과 여유 있는 여행을 즐길 수 있도록 개인용 모니터를 통해 최신 영화, 음악, 게임, 다큐멘터리 등 다양한 콘텐츠를 제공하고 있다.

Walk-Around는 승무원들이 일정 시간 간격으로 기내를 걸어 다니면서 승객들의 개별 욕구를 충족시키는 인적 서비스로서 승객들에게 제공되는 물질적인 서비스 못지않게 중요한 서비스의 일부이다.

- 승객들이 휴식을 취하거나 영화를 보는 시간 동안 승무원들은 담당 구역 화장실, 비상구 주변, 기내 온도, 기내 정돈 및 청결 상태 등을 점검하여 쾌적한 객실을 유지할 수 있도록 하며, 아울러 갑작스러운 환자 및 화재 발생에 대비한다.
- 승무원은 Walk-Around하면서 승객들의 욕구를 미리 찾아서 충족시키도록 노력하며, 적극적인 Personal Touch를 한다.
- 독서하는 승객에게는 독서등을 켜 주고 음료수를 서비스한다.
- 취침을 원하는 승객에게는 베개나 담요, 수면 안대를 제공한다.
- UM, 유아 동반 승객, 어린이, 환자, 노약자 등과 같이 지속적으로 특별한 돌봄이 필요한 승객들에 대해서는 수시로 확인하고 불편한 사항은 없는지 직접 묻고 승무원 간에 정보를 공유한다. 유아 동반 승객에게는 베이비 아이템(Baby Item)과 여분의 담요 등을 서비스한다.
- 승객 좌석 주변을 점검하여 항상 청결을 유지해야 한다.
- 복도를 지나갈 때는 승객과 부딪히지 않도록 주의하고, 갤리 내를 정리 정돈하거나 작업을 할 때는 승객들의 휴식에 방해가 되지 않도록 불빛과 소음에 유의한다.

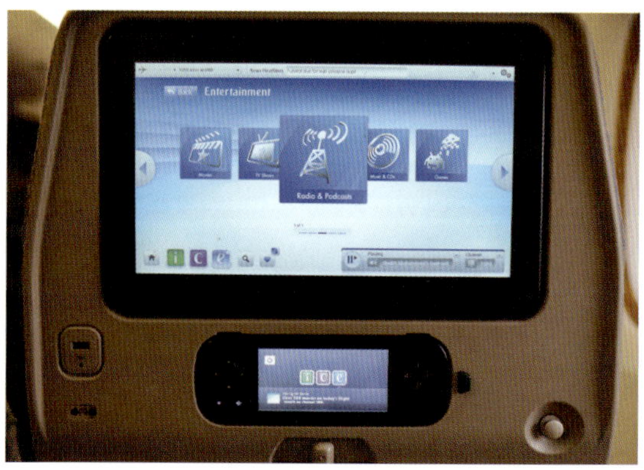

기내 엔터테인먼트 시스템 | Ibenk_88/Shutterstock.com(좌), Sorbis/Shutterstock.com(우)

유아 동반 승객 서비스 | Ibenk_88/Shutterstock.com(좌), Sorbis/Shutterstock.com(우)

Crew Rest

비행시간이 10시간 이상의 장거리 비행인 경우, 승무원들은 다음 근무를 위해 식사 서비스 및 기내 서비스 절차에 따라 2개 조로 나누어 교대로 휴식을 취하게 된다.

Crew Bunk

승무원이 휴식을 취하는 장소로서 대형 기종의 경우는 2층 침대 구조로 되어 있다. 그러나 Crew Bunk가 설치되어 있지 않은 항공 기종인 경우에는 승객 좌석을 일부 차단하여 승무원 휴식 공간으로 활용하기도 한다.

7. 기체 요동

기체 요동(Turbulence)이란 공기 중에 떠돌아다니는 작은 소용돌이로 만들어진 불규칙하고 순간적인 공기의 흐름을 말한다. 비행 중에 심한 기체 요동이 발생하게 되면 부상자가 발생하는 등 승객이나 승무원에게 치명적일 수 있으므로 비행 중 좌석에 앉아 있는 동안에는 좌석벨트를 매도록 승객에게 안내해야 한다.

기체 요동 발생 상황에 따른 대응 방법

- Seatbelt Sign 1회: 기체 요동 발생이 예상되면 기장은 Seatbelt Sign을 1회 주게 된다. 이때 기내 방송 담당 승무원은 기체 요동 방송을 실시하고 그 외 승무원들은 객실에 나가서 승객들의 좌석벨트 착용 상태를 확인한다.
- Seatbelt Sign 2회: 심한 기체 요동 발생이 예상되면 기장은 Seatbelt Sign을 2회 주게 된다. 이때 기내 방송 담당 승무원은 기체 요동 방송을 다시 한번 더 실시하고, 승무원들도 서비스를 중단하고 Jump Seat에 착석하여 좌석벨트를 매도록 한다.

04

착륙 전 기내 업무

항공기가 착륙을 위해 하강을 시작하여 10,000ft 고도에 진입하면 기장은 안전한 착륙 준비를 위해 좌석벨트 착용 표시등을 켠다. 좌석벨트 사인이 켜지면 방송 담당 승무원은 착륙 안내 방송(Approaching Announcement), 도착지 안내 방송, Transit 승객들을 위한 안내 방송을 실시하며, 그 외 승무원들은 착륙 준비를 위해 안전 점검(Safety Check)을 실시하게 된다. 안전한 착륙을 위해 승무원들이 점검해야 하는 사항들은 다음과 같다.

1. 비행 안전 관련 사항

- 승객들이 좌석벨트를 매고 있는지 확인하고, 좌석 등받이 및 테이블, 발 받침대가 원위치에 있는지 확인한다.
- 비행 중 승객들이 꺼내 놓은 짐들이 좌석 위 선반 또는 좌석 밑에 잘 보관되었는지 확인하고, 선반의 잠금 상태도 확인한다.
- 비상구 주변 또는 복도 및 승객 좌석 주변에 짐이 방치되어 있지는 않은지 확인한다.
- 갤리 내 물품 및 기물을 정리하고 확인한다.
  - 모든 서비스 물품을 제 위치에 보관하고 잠근다.
  - 모든 Compartment & Serving Cart를 제 위치에 보관하고 잠근다.
  - 기타 서비스 물품들을 정해진 곳에 보관하고 잠금 여부를 확인한다.
- 갤리와 기내 조명을 어두운 상태로 조절한다.
- 화장실 내 안전 여부를 점검한다.
  - 승객 사용 여부 확인
  - 화장실용 비품 및 유동 물질 고정 또는 제거

2. 기내 서비스 업무 안내 관련 사항

- 신문을 회수하여 정리하고, 잡지 및 헤드폰은 회수하여 정해진 위치에 보관한다.
- 승객들이 사용한 베개 및 담요가 복도나 좌석 밑에 방치되지 않도록 정리한다.
- 탑승 시 승객들이 맡긴 위탁물은 좌석 번호 및 승객 이름을 확인하고 반환한다.
- 갤리 안을 정리 · 정돈한다.
  - 모든 서비스 물품을 정리하고, 인수인계를 위해 Inventory List를 작성한다.
  - 서비스 물품 및 기타 소모품, 기물 등을 정리하여 제자리에 보관하고 밀봉하고 잠근다.
- 기내 판매 담당 승무원은 기내 판매품을 품목별로 정리하고 Inventory List를 정확하게 작성하여 Return 편 승무원에게 인수인계할 수 있도록 한다.
  - 착륙을 위한 모든 안전 점검이 끝나면 모든 승무원도 지정된 Jump Seat에 착석하여 좌석벨트를 착용하고, 이륙 시와 마찬가지로 30 Seconds Review를 실시한다.

05

착륙 후 기내 업무

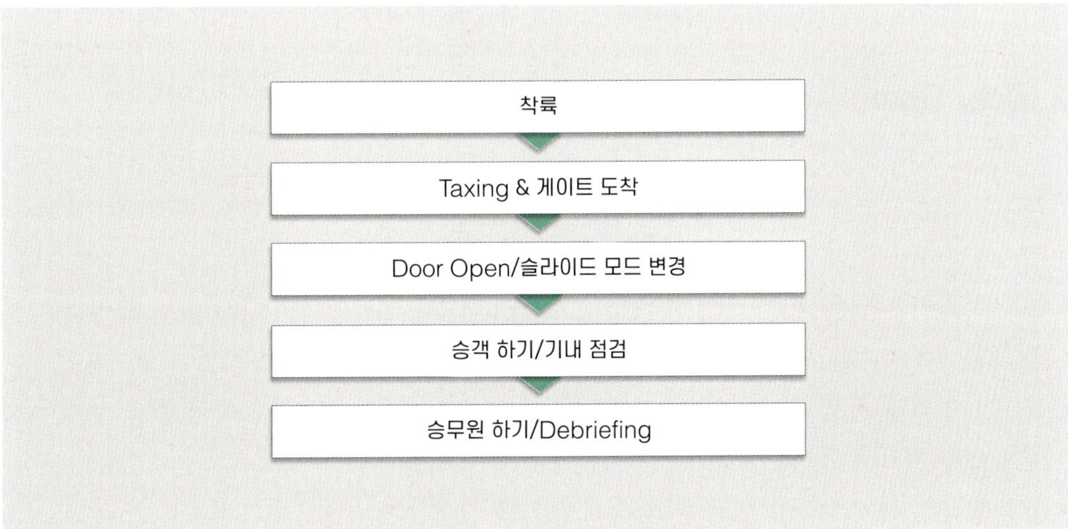

표 | 착륙 후 기내 업무 절차

항공기가 목적지 공항에 안전하게 착륙하면 승객이 내릴 게이트로 이동(Taxing)하게 된다. 항공기가 이동 중에는 갑자기 정지하거나 다른 항공기나 차량과 부딪힐 위험이 있으므로 승객들의 안전을 위해 좌석벨트 사인이 꺼질 때까지 승객이 좌석에서 일어나거나 좌석 위 선반에서 짐을 꺼내는 일이 없도록 승객들을 관찰해야 한다.

항공기가 게이트에 도착하면 객실승무원들은 승객들이 순조롭게 하기할 수 있도록 돕고, 승객 하기가 완료되면 기내 점검을 통해 이상 유무를 확인함으로써 승무원의 기내 업무가 종료된다. 항공기가 착륙한 후에 하는 승무원의 업무를 시점별로 정리하면 아래와 같다.

1. Taxing할 때

- 착륙 후 엔진 역회전(Engine Reverse)이 끝나고 조용해지면 방송 담당 승무원은 Farewell 방송을 실시한다.
- Taxing 중에 승객이 이동하거나 짐을 꺼내지 않도록 안내하여 승객이 착석 상태를 유지하도록 한다. 안전업무를 수행하지 않는 승무원도 승객과 마찬가지로 Jump Seat에 착석해 있어야 한다.
- 착륙 전에 돌려주지 못한 승객 위탁물이 있다면 반환하며 감사 인사를 한다.
- 항공기가 완전히 정지하고 좌석벨트 사인이 꺼지면 기내 조명을 밝게 조정한다.

2. Door Open

- 객실사무장의 방송에 맞춰 전 승무원은 슬라이드 모드를 지상 위치로 변경하고, Cross Check한다.
- 지상 직원이 사인을 주면 객실사무장은 Seatbelt Sign Off 상태를 다시 한번 확인하고 지상 직원에게 도어를 열어도 된다는 사인을 준다. 항공기 도어는 지상 직원이 열도록 한다.
- 도어가 열리면 지상 직원에게 출항 서류를 전달하고, 중요 승객이나 제한 승객 및 특이사항에 대한 정보를 알려준다.
- 공항 당국의 하기 허가를 받은 후에 승객 하기를 실시한다.
- 하기 안내 방송을 실시한다.

3. 승객 하기

승객 하기 시 승무원은 각자의 Deplane Position에 서서 탑승 감사 인사를 하고, 짐이 많은 승객이나 몸이 불편한 승객 또는 특별한 보살핌이 필요한 승객을 도와 하기가 순조롭게 진행되도록 한다.

질서 있고 원활하게 승객이 내릴 수 있도록 승객 하기는 다음 순서에 따라 이루어지도록 한다.

- 응급환자
- VIP 및 CIP
- 일등석 승객
- 비즈니스석 승객
- UM(비동반 소아) 승객
- 이코노미석 승객
- 운송제한 승객(Restricted Passenger Advice: RPA)*
- Stretcher Passenger 및 Wheel Chair Passenger

운송제한 승객

운송제한 승객이란 항공기의 안전과 승객의 안전한 여행에 지장을 초래할 수 있는 특정 승객을 말하며, 이들은 운송상의 안전을 위해 운송을 제한하거나 거절할 수 있다. 운송제한 승객의 대상은 다음과 같다.

- 육체적 질환자 또는 전염병 환자
- 정신질환 환자
- 신체 부자유자 또는 허약자
- 비동반 소아
- 임산부
- 맹인
- 알코올의존자 또는 마약중독자
- 죄수 등

4. 기내 점검

승객의 하기가 완료되면 객실승무원들은 담당 구역을 중심으로 다음과 같은 기내 점검(Behind Check)을 한다.

- 기내에 남아 있는 승객은 없는지 좌석 및 화장실을 점검한다.
- 좌석 주변, 좌석 위 선반, 코트룸 등을 육안으로 확인하여 승객의 유실물을 확인한다.
- 슬라이드 모드가 지상 위치에 있는지 재확인한다.
- 기내 판매품과 Inventory List를 담당 직원에게 인계한다.

- 모든 점검이 끝나면 이상이 없음을 확인한 후 승무원도 각자 짐을 정리하여 하기한다.

5. Debriefing

비행 종료 후 객실사무장은 필요하다고 판단될 때 Debriefing을 실시할 수 있다.

Debriefing은 비행 중에 발생한 승객의 불만 사항 또는 환자 발생 등을 비롯하여 특이사항, 그리고 서비스 시 발생한 문제점 등에 대해 확인하고 이에 대한 상호 의견을 교환하고 제언을 함으로써 서비스 개선을 통해 더 나은 서비스를 할 수 있도록 하기 위한 업무이다.

비행 중에 발생한 특이사항에 대해 회사에 보고를 해야 하는 경우에는 문제 발생, 그에 따른 조치 내용 및 방법에 대해 정확하게 작성하여 회사에 보고하도록 한다.

CHAPTER

4

기내 식음료 서비스

Ancha Chiangmai/Shutterstock.com

항공사들은 일정한 노선을 항공기라는 동일한 수단을 이용하여 운항하고 있다. 동일한 노선에 여러 항공사가 운항함에 따라 항공사들은 경쟁적 우의를 구축하고자 차별화된 서비스를 개발하여 제공하고 있는데, 그중의 하나가 기내 서비스를 대표하는 기내 식음료에 대한 것이다.

기내식은 1919년 8월에 런던-파리 노선에 샌드위치, 과일, 초콜릿 등을 작은 상자에 담아 승객들에게 제공한 것을 시초로 시작되었다. 그 후 세계 항공사들은 각 항공사의 특성을 담아 다양한 기내 식음료를 선보이고 있다. 기내에서 승객에게 제공되는 기내 식음료의 종류와 내용은 서양식을 기본으로 하며, 서양식에 어울리는 다양한 음료를 바탕으로 구성하여 서비스된다. 승객들은 항공기에 탑승하면 무엇보다도 항공사에서 제공하는 다양하고 특색 있는 기내 식음료에 대해 많은 기대를 하게 된다. 그러한 이유로 세계 각 항공사는 취항지 및 탑승하는 승객들의 국적 등을 고려하여 기내식 메뉴를 디자인하고 구성하여 제공함으로써 승객들의 만족도를 높이기 위한 기내식 개발에 많은 노력을 기울이고 있다. 대한항공과 아시아나항공은 국내 요리 명장과 외국 유명 셰프와 함께 개발한 기내식 메뉴와 와인을 제공함으로써 호평을 받고 있으며, 저비용 항공사의 경우는 운임을 낮추기 위한 방법으로 기내 식음료를 유료로 판매하기도 한다.

01
기내 음료 서비스

1. 기내 음료의 개념

대부분의 대형 항공사는 식사와 함께 다양한 음료를 승객들에게 무상으로 제공하고 있다. 기내식은 코스에 따라 순서대로 구성된 서양식을 기준으로 하므로 기내 음료도 각 코스의 식사와 잘 어울리는 알코올 또는 무알코올 음료 및 기타 음료 등이 승객들의 취향에 맞게 서비스된다.

2. 기내에서 서비스되는 식사 코스별 음료

서양식을 먹을 때 각 식사 코스의 음식과 잘 어울리는 음료를 곁들이면 더 맛있게 음식을 즐길 수 있다. 기내에서 제공되는 기내 음료는 식전주, 식중주 및 식후주로 구분할 수 있다.

1) 식전주

식전주(Aperitif)란 식사를 시작하기 전에 타액의 분비를 촉진해 식욕을 증진시키기 위해 마시는 음료로, 차가우면서도 시큼하며 쓴맛이 나는 특징이 있다. 식사 전에 너무 강한 음료를 마시게 되면 미각이 둔해져 주요리(Main Dish)를 맛있게 먹기 어려울 수 있다. 각종 칵테일, 와인, 샴페인, 주스, 그리고 탄산음료 등이 식전주로 많이 찾는 대표적인 음료들이다.

2) 식중주

식사 중에 마시는 음료로서 알코올 농도가 낮은 와인이나 맥주류 등 발효주가 식중주(During Meal Drink)로 잘 어울린다. 식중주는 음식의 풍미를 더하고 소화를 도우므로 주요리의 맛을 더욱더 좋게 한다.

3) 식후주

식후주(After Meal Drink)는 식사 후에 마시는 음료로 주로 알코올 농도가 높고 당도가 있는 음료이다. 예를 들면 코냑(Cognac) 또는 브랜디(Brandy), 리큐어(Liqueur)* 등이 식후주로 많이 애용된다.

술의 적정 음용 온도는?

- 맥주: 4~8℃
- 레드 와인: 18~21℃
- 화이트 와인: 6~8℃
- 코냑: 사람의 체온과 비슷한 36~37℃
- 사케: 55℃ 정도
- 정통 약주 및 소주: 차지 않게 8℃ 정도

3. 음료의 종류: 무알코올음료

기내 음료는 알코올 성분이 있느냐 없느냐에 따라 무알코올음료(Non-Alcoholic Beverage)와 알코올음료(Alcoholic Beverage)로 분류할 수 있다.

* 리큐어: 양조주나 증류주를 베이스(Base)로 해서 각종 향료나 약초 등을 첨가한 것으로 알코올 농도가 있어 식후주로 마신다(예: 포트와인, Vermouth, Cointreau, Baileys Irish Cream 등).

1) 차가운 음료(Cold Beverage)

(1) 생수(Water)

색이 없어 투명하며 무맛(無맛)이 특징이다. 생수는 서비스 전에 차갑게 서비스하는 것을 원칙으로 한다.

- 미네랄워터(Mineral Water): 탄산이 첨가되지 않은 생수를 말하며, 플레인 워터(Plain Water)라고도 한다. 주로 플라스틱 페트병 형태로 기내에 탑재된다. 대표적 브랜드로는 에비앙(Evian), 볼빅(Volvic), 삼다수 등이 있다.
- 스파클링워터(Sparkling Water): 탄산이 첨가된 탄산수를 말하며, 아시아인들보다는 미주 또는 유럽인들이 선호하는 음료다. 페리에(Perrier), 산펠레그리노(San Pellegrino)가 대표적인 브랜드이며 주로 유리병으로 되어 있다.

(2) 주스

과일이나 식물로 만든 천연 즙을 말한다. 서비스 전에 차게 서비스하며, 주스를 서비스할 때 얼음을 넣게 되면 주스가 묽어지게 되므로 고객이 특별히 요청하지 않는 한 얼음은 넣지 않는 것을 기본으로 한다. 기내에서 제공되는 주스로는 오렌지, 토마토, 파인애플 주스 등이 있으며, 상위 클래스인 경우에는 좀 더 다양한 주스가 제공된다.

토닉워터 | PhotoTodos/Shutterstock.com

진저에일 | FoodAndPhoto/Shutterstock.com

(3) 탄산음료

탄산이 첨가된 음료를 말한다. 서비스 전 차갑게 해야 하나, 너무 찬 나머지 음료가 얼게 되면 캔을 오픈할 때 탄산이 넘치게 되는 경우가 발생할 수 있으니 주의해야 한다. 기내에 탑재되는 탄산음료의 브랜드로는 Coke, 7-Up(Cider), Pepsi, Diet Coke, Diet 7-Up, Diet Pepsi 등이 있으며, 서비스할 때 글라스에 얼음을 2~3개 정도 넣어 서비스하는 것을 기준으로 한다.

- Coke: 남미 원산 콜라(Cola) 잎에서 추출한 코카인(Cocaine) 성분과 브라질 원산 나무 열매의 추출물을 넣고 만든 음료이다.
- 7-Up: 라임(Lime)과 레몬 향을 가미한 음료로서 레몬과 잘 어울린다.
- Diet Soft Drink: 칼로리가 없거나 적은 음료이다.

(4) Mixer

토닉워터(Tonic Water), 소다수(Soda Water, Club Soda), 진저에일(Ginger Ale) 등 칵테일 부재료로 사용하나, 자체로도 서비스한다. 얼음과 함께 서비스한다.

- 토닉워터: 키니네의 씁쓸한 맛과 레몬의 상쾌한 풍미를 곁들인 영국산 탄산수
- 진저에일: 아열대 지방에서 재배되는 생강의 풍미를 더한 탄산수를 말하며, 생강 외에 레몬이나 향료, 감미료를 가해 캐러멜로 착색한 것이다.
- 소다수: 수질이 좋은 물에 탄산가스를 혼합한 청량 음료수로서 칵테일 믹서(Cocktail Mixer)로 사용한다.

(5) 생우유(Fresh Milk)

탈지하지 않은 전유(Whole Milk) 또는 저지방 우유(Low Fat Milk)가 있다.

음료 카트 | photosounds/Shutterstock.com(좌), Sorbis/Shutterstock.com(우)

2) 따뜻한 음료(Hot Beverage)

(1) 티(Tea) 종류

▶ 홍차(Black Tea)

차나무(Camellia Sinensis)의 잎을 볶거나 발효시켜서 만든 것으로 카페인(Caffeine)과 탄닌(Tannin)이 차의 고유한 맛을 내게 한다. 서비스할 때는 티백(Tea Bag)을 충분히 우린 후, 티백을 제거하여 홍차에 설탕, 우유나 크림, 레몬 등 고객의 취향을 고려하여 Accompaniment와 함께 제공한다.

- 레몬티(Lemon Tea): 홍차 + 레몬
- 밀크티(Milk Tea): 홍차 + 우유/크림

▶ 녹차(Green Tea)

푸른빛이 그대로 나도록 말린 찻잎 또는 찻잎을 우린 물을 말한다. 녹차에는 50여 종이 넘는 유기화합물과 각종 미네랄이 함유되어 있다. 아시아계 동양인들이 선호하였으나 동양 문화가 전파되면서 요즘에는 많은 서양인도 좋아한다. 홍차와 같은 Accompaniment는 제공하지 않는 것이 원칙이다.

홍차

밀크티

▸ 재스민차(Jasmine Tea)

찻잎에 재스민 꽃의 향기를 흡착시킨 차로, 중국에서 가장 유명한 향기가 나는 차 중의 하나이다. Accompaniment는 제공하지 않는다.

▸ 인삼차(Ginseng Tea)

인삼을 재료로 한 한국 고유의 차로, 분말 형태로 한 팩씩 개별 포장되어 탑재되며 고객의 기호에 따라 설탕과 함께 서비스한다.

(2) 커피(Coffee)

커피는 커피나무의 열매를 볶아 분쇄한 것으로 알칼로이드(Alkaloids)가 함유되어 있어 신경계통과 심장계 근육을 자극하여 마시는 사람으로 하여금 약간의 흥분감을 갖게 한다. 커피는 산지, 볶는 방법, 조합 방법에 따라 맛의 차이가 난다. 커피에는 카페인 유무에 따라 크게 Regular Coffee(Instant or Brewed Coffee)와 Decaffeinated Coffee로 나눌 수 있고, 커피의 종류에는 다음과 같은 것들이 있다.

- 비엔나 커피(Vienna Coffee): 뜨거운 커피에 거품을 낸 크림으로 덮은 것.
- 에스프레소 커피(Espresso Coffee): 이탈리아 커피로 유럽에서 많이 마시며 커피를 완전 가루로 여과해서 마신다. 너무 강렬하기 때문에 기호에 따라 설탕, 크림 등을 넣기도 한다.
- 카페오레(Cafe Au Lait), 혹은 카페라테(Café Latte): 프랑스식 모닝 커피로 카페오레는 '커피와 우유'라는 뜻이다. 이탈리아에서는 이것을 카페라테(Café Latte)라고 부른다. 보통보다 2배 강하게 하여 동량의 우유를 데워 커피잔에 같이 부어 마신다.
- 아이리시 커피(Irish Coffee): 뜨거운 커피에 아이리시 위스키(Irish Whisky)와 설탕을 커피잔에 담고 위에 생크림을 올린다.

에스프레소 커피

카페오레(카페라테)

4. 기내 음료의 종류: 알코올음료

세계 여러 나라의 다양한 술은 제조 방법에 따라 양조주, 증류주, 혼성주로 구분할 수 있다.

1) 양조주

양조주(Fermented Liquor)는 발효주라고도 하며 알코올 발효가 끝난 술을 여과한 것으로, 원료 자체에서 우러나오는 성분을 많이 가지고 있다. 대표적으로는 맥주와 와인, 샴페인, 막걸리, 청주 등이 있다.

(1) 와인

▸ 와인의 특성

- 와인(Wine)의 어원은 라틴어의 'Vinum(비넘)'으로 '포도로 만든 술'을 말한다. 프랑스어로는 'Vin(뱅)', 이탈리아어로는 'Vino(비노)', 독일어로는 'Wein(바인)', 영어로는 'Wine'이다. 와인은 천연 발효주로 과육의 당이 포도 껍질의 효모와 만나 알코올로 발효된 것을 말한다. 다시 말하면 와인은 넓은 의미로 과일의 천연 주스를 발효시킨 발효주를 의미하는데, 일반적으로 포도로 만든 것을 말하며 병입(Bottling) 후에도 발효가 계속 진행된다.
- 와인은 알칼리성 음료로 산성 식품을 중화시키는 역할을 한다. 따라서 산성 식품인 육식을 주로 즐기는 서양인들의 식탁에 빠져서는 안 될 중요한 존재로 여겨지고 있다.
- 와인의 맛을 좌우하는 것은 포도이다. 포도는 일조량이 풍부하고 강수량이 비교적 적어야 풍년(Great Vintage)이라고 한다. 따라서 와인은 포도 수확 연도에 따라 맛과 향취의 차이

Delpixel/Shutterstock.com

가 나므로 미식가들은 와인을 선택할 때 포도 수확 연도를 의미하는 Vintage를 중요시한다.

- 와인은 포도 산지, 포도 품종, 제조 방법 등에 따라 다양한 요리와의 조화를 이룬다.

▸ 색깔에 따른 와인의 분류

와인은 포도 품종과 제조 방법에 따라 화이트 와인(White Wine), 레드 와인(Red Wine), 로즈 와인(Rose Wine)으로 분류할 수 있다.

- 화이트 와인: 화이트 와인은 주로 청포도로 만들며 껍질의 색소 추출과정이 없다. 또한, 화이트 와인은 포도 껍질, 씨, 줄기를 제거한 후 발효하므로 맛이 신선하고 떫거나 쓰지 않고, 레드 와인의 묵직함에 비해 가볍고 산뜻한 편이다. 생선(White Meat), 해산물 등과 같이 맛이 약한 음식과 조화를 이룬다. 화이트 와인에 사용되는 포도 품종은 Chardonnay, Riesling, Pinot Blanc, Sauvignon Blanc, Muscat 등이 있다.
- 레드 와인: 레드 와인은 적포도의 과육과 껍질, 씨에서 나오는 주스를 모두 발효시킨다. 레드 와인의 발효 기간은 3~8일 정도이며, 발효 과정 후 적절한 색을 얻으면 압축한다. 레드 와인의 떫은맛은 껍질, 줄기, 씨의 탄닌 성분에서 나온다. 탄닌 성분으로 인한 묵직한 맛이 육류 요리(Red Meat)와 잘 어울린다. Cabernet Sauvignon, Merlot, Pinot Noir, Malbec, Gamay, Zinfandel 등이 레드 와인에 주로 사용되는 포도 품종이다.
- 로즈 와인: 로즈 와인은 레드와 화이트의 중간 상태로 핑크빛의 매혹적인 색깔이 매력 포

인트이다. 신선한 맛과 분위기 있는 색깔로 식사 중 어느 때나 마실 수 있다. 보통 레드 와인과 화이트 와인을 섞거나, 적포도를 으깨어 화이트 와인을 만드는 방법으로 만들거나, 적포도를 담으면서 색소 추출을 조금만 하여 바로 꺼내는 방법 등을 사용한다.

화이트 와인의 제조 과정

포도 수확 → 파쇄 및 압축 → 발효 → 여과 → 숙성 → 병입

레드 와인의 제조 과정

포도 수확 → 파쇄 → 발효 → 압축 → 여과 → 숙성 → 병입

▸ 당도에 따른 와인의 분류

- 드라이 와인(Dry Wine): 와인 제조과정 중 발효 단계에서 완전히 발효시켜 당분이 남지 않도록 만든 와인이다.
- 스위트 와인(Sweet Wine): 발효 단계에서 당분이 적당히 남아 있을 때 발효를 중지시켜 만든 와인이다.

▸ 생산지에 따른 와인의 분류

- 프랑스 와인: 프랑스는 세계 최대 규모를 자랑하는 고품질의 와인 생산지이자 소비 국가이다. 와인의 전통 기술 및 유통에 있어서도 최대의 선진국으로 세계 와인의 기준이 되고 있다. 프랑스의 와인 생산지 또한 유명한데, 특히 보르도(Bordeaux)의 레드 와인은 세계 제일이라 인정받는다. 보르도 지방 외에도 부르고뉴(Bourgogne), 샹파뉴(Champagne), 알자스(Alsace) 등도 특화된 최고의 와인 생산지로 알려져 있다. 1935년에 제정된 '원산지 호칭 통제법(Appellation d'Origin Controlée: AOC)'이 와인 산지의 품질을 보증하므로 세계 와인 애호가들의 신뢰를 얻고 있다.
- 미국 와인: 미국 와인의 85%는 캘리포니아 지역에서 생산된다. 캘리포니아의 기후와 토양은 와인을 만드는 데 필요한 질 좋은 포도를 재배할 수 있는 이상적인 환경이므로 최고 품질의 레드 와인과 화이트 와인을 생산할 수 있다. 내파밸리(Napa Valley), 소노마 밸리(Sonoma Valley) 등이 유명한 미국의 와인 생산지이다.
- 독일 와인: 독일은 유럽의 전통적인 와인 생산국 중 가장 북쪽에 위치하고 있어 추운 날씨와 늦은 서리, 가을철의 잦은 비 등 포도 재배에 그리 적합한 조건을 가지고 있지는 않지

만, 독일 와인하면 화이트 와인과 리슬링(Riesling) 품종이 떠오를 정도로 화이트 와인이 유명하다.

- 스페인 와인과 포르투갈 와인 등: 그 외에도 스페인 와인인 셰리 와인(Sherry Wine)과 포르투갈 와인인 포트와인(Port Wine)이 상위 클래스에서 식전주와 디저트 와인으로 제공된다.

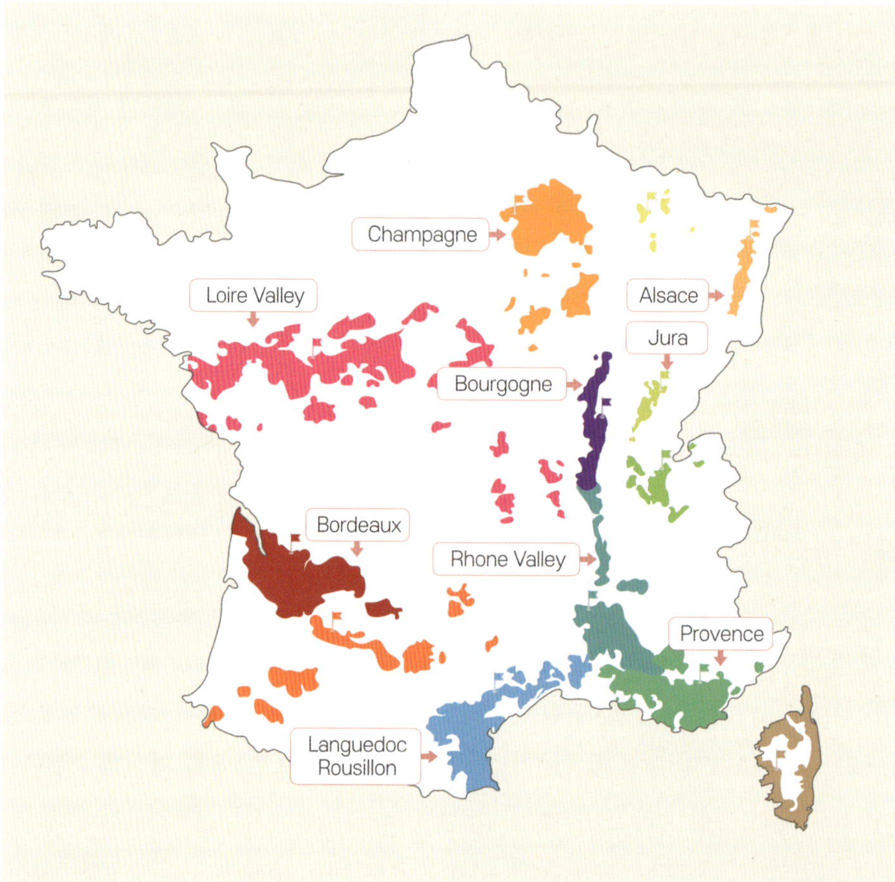

프랑스 주요 와인 생산지

캘리포니아 내파밸리(Napa Valley) 와이너리 | Sheila Fitzgerald/Shutterstock.com(좌)

▶ 제조법에 따른 와인의 분류

- 스틸 와인(Still Wine, Table Wine): 포도가 발효될 때 발생하는 탄산가스를 제거해 만드는 비발포성 와인으로 보통 식탁에 오르는 일반적인 와인을 일컫는다.
- 스파클링 와인(Sparkling Wine, 발포성 와인): 발효 시 발생하는 탄산가스를 그대로 함유시킨 것으로 대표적인 것이 샴페인(Champagne)이다. 샴페인은 프랑스 샹파뉴 지역에서 생산한 스파클링 와인을 말하는데, 일반적으로 스파클링 와인을 샴페인이라고 부른다. 대표적으로 유명한 샴페인은 돔 페리뇽(Dom Perrignon), 모에 샹동(Moét & Chandon)이 있다.
- 강화 와인(Fortified Wine): 강화 와인은 와인을 제조하는 과정에 브랜디 등을 첨가하여 알코올 도수를 높인 것으로 스페인의 셰리, 포르투갈의 포트와인 등이 있다.
- 방향 와인(Aromatized Wine): 독특한 향신료, 약초 등을 첨가해 향미를 좋게 한 것으로 프랑스의 Dry Vermouth, 이탈리아의 Sweet Vermouth 등이 있다.

샴페인 제조과정

포도 수확 ▶ 압축 ▶ 발효 및 여과 ▶ 혼합 ▶

병입 및 2차 발효 ▶ 병 돌리기 ▶ 찌꺼기 제거 ▶ Recorking

샴페인 | Leonard Zhukovsky/Shutterstock.com(좌), First Class Photography/Shutterstock.com(우)

▸ 와인 브리딩(Wine Breathing)

와인은 제조과정 중 오랜 숙성을 거치면서 병 속에서 거친 맛을 가지게 된다. 따라서 밀봉되어 있던 와인을 오픈하자마자 바로 마시게 되면 와인의 제맛을 느끼기 어려우므로 와인을 마시기 전에 와인 병을 미리 오픈하여 와인이 숨을 쉬게 해주는 과정이 필요하다. 이때 와인은 공기 중의 산소와 접촉하여 향미가 되살아나고 맛이 더욱 풍부해지는데, 이를 '와인 브리딩'이라 한다. 숙성기간이 긴 고급 와인(Old Vintage)의 경우 반드시 필요한 과정으로, 와인 서비스를 시작하기 30분 전에 미리 와인을 오픈하는 것이 좋다.

▸ 와인의 보관

와인을 보관할 때는 직사광선이 들지 않고 서늘하고 진동이 없는 곳에서 보관하는 것이 좋다. 와인 병은 반드시 눕혀서 보관해야 하는데, 그 이유는 공기와 접촉한 와인은 점점 산화하여 부패하게 되기 때문이다. 와인 병을 눕혀 두면 코르크가 마르지 않고 촉촉하게 젖어 있어서 외부의 공기가 병 속에 침입하는 것을 막을 수 있다.

▸ 와인의 온도

와인은 독특한 향미를 가지고 있으므로 그것을 잘 살려주는 온도에서 더욱 풍부한 와인의 맛을 느낄 수 있다. 화이트 와인은 6~12℃ 정도로 조금 차게 마시는 것이 좋으며, 레드 와인은 15~20℃ 정도의 실온으로 마시는 것이 좋다. 따라서 화이트 와인은 기내 서비스 전에 얼음으로 충분히 차게 하여 서비스해야 한다. 그러나 급히 시원하게 하기 위해 드라이아이스를 사용하게 되면 자칫 와인이 얼게 되어 와인의 제맛을 느낄 수 없으므로 주의해야 한다.

▸ 와인 테이스팅

좋은 와인을 결정짓는 요소는 특유의 색, 맛과 향이다. 따라서 와인을 마시기 전에 와인의 색, 맛과 향을 시음하는 절차를 거치는데 이를 '와인 테이스팅(Wine Tasting)'이라고 한다. 즉, 와인을 마시기 전에 잔을 들어 빛깔과 투명도(Appearance)를 감상하고, 잔을 흔들어 향기(Bouquet)를 맡은 다음 한 모금을 입안에서 충분히 굴린 다음(Taste) 삼킨다. 즉 '시각 → 후각 → 미각'의 순으로 와인을 테이스팅한다.

▶ 와인 테이스팅 권유 요령 및 유의사항

- 고객이 선택한 와인의 라벨을 보여 준다.
- 와인글라스의 1/3까지 따라 시음을 유도한다.
- 고객의 만족 여부를 확인한 후 와인글라스의 2/3까지 따른다.
- 와인을 따를 때는 와인의 라벨이 고객을 향하게 하고, 정중하고 정돈된 자세로 따르며 디캔팅(Decanting)을 한다. 와인 방울이 라벨에 흐르지 않도록 유의한다.
- 와인 병 바닥에 와인 침전물이 가라앉아 있을 수 있으므로 마지막 한 방울까지 따르지 않도록 한다.

와인 디캔팅(Wine Decanting)

와인은 와인 병에 밀폐되어 있으므로 공기와 접촉시키는 것을 '와인과 공기의 결혼'이라는 표현을 쓴다. 디캔터(Decanter)라고 하는 유리 용기에 와인을 옮겨 붓는 것을 '디캔팅(Decanting)'이라 하며, 이 과정에서 와인이 자연스럽게 공기와 접하게 되어 그 향과 맛이 제대로 살아나게 된다.

▸ 와인 라벨 읽는 법

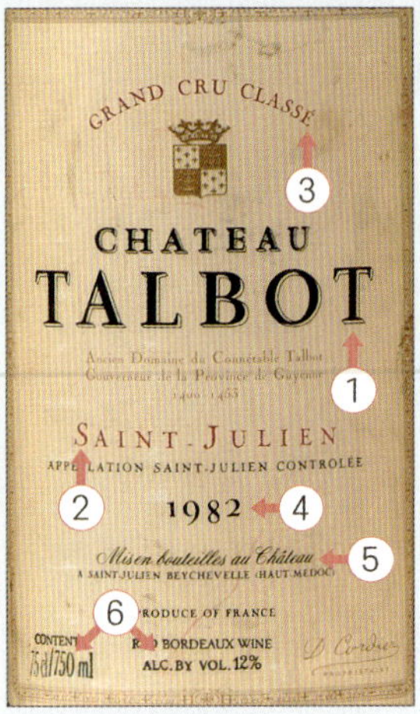

와인 라벨

① 와인 이름: Chateau Talbot

② 와인 생산지: Saint-Julien

③ 와인의 등급: AOC 등급

④ Vintage: 포도 수확 및 와인 양조 연도

⑤ 병입 장소: 해당 Château에서 와인이 직접 병입되었다.

⑥ 알코올 도수/용기 내 와인 용량

▸ 와인글라스의 명칭

와인은 포도의 품종, 생산지, 양조 방법, Vintage 등에 따라 각기 다른 독특한 맛과 향의 특징을 지니고 있다. 따라서 와인의 특징과 맛을 잘 살리기 위해 적합한 와인글라스를 선택하는 것도 중요하다.

와인글라스의 명칭

- Lip: 와인을 마실 때 입술이 닿는 부분
- Bowl: 와인글라스의 몸통 부분으로 와인이 담기는 곳
- Stem: 와인글라스의 손잡이 역할을 하는 것으로 체온이 와인이 담긴 Bowl에 직접 전달되지 않도록 이 부분을 잡는 것이 일반적이다.
- Base: 와인글라스의 받침 부분으로, 와인을 서비스받을 때는 와인글라스를 들지 않고 간단히 Base에 손을 댄다.

▶ 와인글라스의 종류

와인글라스의 종류와 특징은 다음과 같다.

레드 와인글라스는 와인글라스의 볼이 넓고 둥근 특징이 있는데 와인이 입에 닿기 전에 와인의 향을 코로 충분히 즐길 수 있게 하기 위함이다. 반면에 화이트 와인글라스는 레드 와인글라스에 비하면 크기가 작은 편이다. 화이트 와인은 레드 와인보다 낮은 온도에서 마시므로, 잔이 크면 와인을 많이 따르게 되고 그렇게 되면 와인의 온도가 금방 올라가기 때문에 작은 와인글라스를 이용하는 것이 좋다. 또한, 스파클링 와인글라스는 와인 속에 함유된 탄산가스 기포를 오랫동안 즐길 수 있도록 몸통이 좁고 긴 것이 특징이다. 주정 강화 와인의 경우에는 알코올 도수가 높기 때문에 더 작은 와인글라스를 이용하는 것이 적당하다.

(2) 맥주

맥주(Beer)는 기원전 6000년경부터 수메르인, 바빌로니아인에 의해서 만들어진 이후, 유럽 등지 등 전 세계로 전파된 세계에서 가장 오래된 알코올음료이다. 맥주는 보리를 가공해 맥아로 만든 후 발효시켜 만든 발효주로서 맥주의 주원료는 물, 보리, 효모, 홉(Hop)이다. 맥주는 다음과 같은 종류가 있다.

- Draft Beer: 살균하지 않은 생맥주이기 때문에 신선한 풍미가 살아 있지만, 저온에서 운반, 저장해야 하며 빨리 소비해야 한다.
- Lager Beer: 제조 후 저온 살균하여 효모의 활동을 중지시킨 후 병이나 캔에 넣어 오랜 기간 저장할 수 있도록 만든 것이다.
- Stout Beer: 태운 캐러멜(Caramel)을 넣어 쓴맛이 강하고 알코올 성분이 강한(8~11℃) 흑맥주이다.

맥주의 주원료인 물, 홉, 보리, 효모

맥주를 즐기는 방법

- 차게 해서 마신다.
  맥주는 탄산가스의 청량감을 즐길 수 있도록 차게 마시는 것이 좋다. 그러나 너무 차면 맛을 제대로 느낄 수 없고, 온도가 높으면 맥주의 탄산가스가 모두 증발해 버리고 거품이 많이 나오므로 적당히 차게 해서 마셔야 한다.
- 거품과 함께 마신다.
  맥주의 생명은 '거품'이다. 거품은 탄산가스의 유출을 방지하여 계속 신선한 맛을 유지시켜 주는 역할을 한다.

2) 증류주

양조주를 증류하여 만든 것이 증류주(Distilled Liquor)이다. 증류는 알코올과 물의 끓는점 차이를 이용하여 고농도 알코올을 얻어내는 과정으로 양조주를 서서히 가열하면 끓는점이 낮은 알코올이 먼저 증발하는데, 이 증발하는 기체를 모아서 적당한 방법으로 냉각시켜 다시 고농도의 알코올 액체를 얻어내는 과정이다.

예를 들면 위스키, 브랜디, 진, 보드카, 소주, 고량주, 니혼사케 등이 증류주에 속한다.

(1) 위스키

위스키(Whisky)는 보리, 옥수수, 호밀, 귀리 등 곡물을 주원료로 하여 발효, 증류, 숙성의 과정을 거쳐 만든 대표적인 증류주로서 오크(Oak) 통 속에서 묵히는 동안 향미, 향취, 품격이 형성된다. 또한, 위스키의 생산지에 따라 고유한 풍미와 특성을 지닌다.

▸ 스카치위스키(Scotch Whisky)

스코틀랜드에서 제조되는 위스키로 보리, 밀, 옥수수로 만든다. Chivas Regal, Johnnie Walker, Ballantine's 등이 대표적인 스카치위스키이다.

위스키 | monticello/Shutterstock.com

- 몰트위스키(Malt Whisky): 보리를 가공한 맥아를 주원료로 하여 만든 위스키이다.
- 그레인위스키(Grain Whisky): 일반 곡물, 주로 옥수수 등을 원료로 하고 소량의 맥아를 가해 당화시킨 것으로 발효, 현대식 연속 증류기로 증류하여 만든다. 비교적 맛이나 향이 덜하고 가볍고 특성이 없어 거의 몰트위스키와 브랜딩을 목적으로 만든다.
- 블렌디드 위스키(Blended Whisky): 몰트위스키와 그레인위스키를 혼합하여 마시기 좋게 한 것으로, 우리가 마시는 스카치위스키의 대부분이 블렌디드 위스키이다.

▸ 아메리칸 위스키(American Whisky)

미국에서 생산되는 위스키를 말하며, 옥수수를 주원료로 해서 만든 버번 위스키(Bourbon Whisky)가 유명하다. 버번 위스키는 켄터키주 버번(Bourbon) 지방에서 옥수수를 주원료로 해서 만든 것으로 시작되었다. 대표적인 버번 위스키로는 Old Grand Dad, Jack Daniel, Jim Beam 등이 있다.

▸ 캐나디언 위스키(Canadian Whisky)

호밀로 만든 라이 위스키(Rye Whisky)와 옥수수로 만든 위스키를 섞어서 제조한 위스키로 특유의 경쾌하고 부드러운 맛이 있다. Canadian Club, Crown Royal이 여기에 속한다.

▸ 아이리시 위스키(Irish Whisky)

아일랜드에서 생산되는 위스키로 보리를 주원료로 하며 향기가 진하고 맛이 중후한 것이 특징이다. Jameson, Middleton이 아이리시 위스키에 속한다.

위스키를 즐기는 방법

- Straight
  위스키는 강한 개성으로 인하여 Straight로 마실 때 가장 위스키 특유의 풍미를 만끽할 수 있다.
- On The Rocks
  위스키는 얼음과 함께 마시기도 하며 주로 블렌디드 위스키가 이용된다.

대표적인 진 브랜드와 대표적인 진 베이스 칵테일 Dry Martini | monticello/Shutterstock.com(좌)

(2) 진

진(Gin)은 증류주에 노간주나무 열매(Juniper Berry)의 향미를 추출, 혼합하여 제조된 증류주이자 혼성주로, 숙성시키지 않는 술이다. 진은 처음에는 약용으로 개발되었으나 지금은 사람들이 즐기는 음료이다. 진은 무색투명하고 상쾌한 향미를 지닌 증류주로서 보리, 밀, 옥수수와 같은 곡류를 증류해 얻은 스피릿(Spirit. 주정, 독한 술 주정제의 뜻을 포함한 증류주의 총칭)에 Juniper Berry를 담갔다가 다시 증류하여 얻어진 것으로, 제조된 지 반 시간 후면 마실 수 있다. 예를 들면 Beefeater, Gordon's 등이 인기 있는 진 브랜드이다.

진은 Straight로 마시기도 하지만 칵테일의 재료로 쓰이기 시작하면서 폭발적인 인기를 얻게 되었다. Dry Martini를 비롯하여 Tom Collins, Gin Fizz 등이 진을 베이스로 해서 만든 대표적인 칵테일이다.

(3) 보드카

보드카(Vodka)는 러시아의 대표적인 술로 곡물을 이용하여 만든 무색, 무미, 무취의 특징을 지닌 증류주로 증류 후 활성탄에 여과한 술이다. 보드카는 '물'이라는 의미를 가진 러시아어 'Voda'에서 유래되었다. 보드카는 러시아와 폴란드에서 발달한 술로서 귀족들이 즐겨 마셨

보드카를 즐기는 방법

- 맛이 강한 애피타이저(Appetizer)와 함께 얼려서(Freezing) 소량으로 마시는 것이 전통적인 방식이다.
- 무색무취한 특성 때문에 어떤 종류의 술과도 잘 어울리므로 Screw Driver, Bloody Mary 등 여러 가지 칵테일로 즐길 수 있다.

Screw Driver Bloody Mary

으며 캐비아(Caviar), 연어(Salmon) 등과 식전주(Aperitif)로도 즐겨 마시며, 칵테일의 베이스로 널리 사용된다. Smirnoff, Absolut 등이 많이 알려진 보드카이다.

(4) 브랜디

브랜디(Brandy)는 과일의 발효액인 와인을 증류시켜 만든 술이다. 프랑스 코냐크(Cognac) 지방에서 만든 브랜디를 '코냑(Cognac)'이라고 부르며, 주원료에 따라 포도 브랜디, 사과 브랜디, 체리 브랜디 등으로 부른다. 가장 인기 있는 브랜디는 프랑스 코냐크 지방에서 만드는 코냑과 아르마냐크(Armagnac) 지방에서 만드는 Armagnac이다. 브랜디는 일반적으로 알코올 도수가 높은 편이며 전형적인 식후주로 즐기고 있다.

브랜디는 반드시 숙성과정이 필요하며 숙성기간이 길수록 품질이 우수하다고 평가한다. 브랜디의 숙성기간과 품질에 따라 다음과 같이 등급을 구분한다.

monticello/Shutterstock.com

- VS(Very Special): ***(3-Star). 최소 3년 이상 숙성
- VSOP(Very Superior Old Pale): *****(5-Star). 최소 5년 이상 숙성
- XO(Extra Old): 최소 6년 이상 숙성

  예 Henessy XO, Martell VSOP, Camus XO

브랜디를 즐기는 방법

- 대개 식사 코스가 완전히 끝난 후 식후주로 많이 애용되며 이때에는 브랜디 특유의 향을 즐길 수 있도록 입구가 좁고 배가 부른 튤립 모양의 잔에 담아 상온에 주로 Straight로 마신다.
- 커피에 넣어 마시기도 하고 특히 향이 풍부하여 요리에 많이 쓰인다.

3) 혼성주

혼성주(Compounded Liquor)는 양조주나 증류주에 약초나 향료, 과실류 등을 혼합하여 그 향기를 술에 옮기고 당분을 더한 것이다. 각종 칵테일 종류나 리큐어가 혼성주에 속한다.

(1) 칵테일

칵테일(Cocktail)이란 일반적으로 알코올음료에 또 다른 술을 섞거나 혹은 과즙류나 탄산음료 또는 향료 등의 부재료를 혼합하여 만드는 Alcoholic Beverage이며, 맛, 향기, 색채의 3가지 요소의 조화를 살린 예술적 감각의 음료라고 말할 수 있다.

칵테일의 주재료로 쓰이는 술을 베이스(Base Liquor)라고 하고, 베이스의 종류에 따라 진 베이스, 위스키 베이스, 보드카 베이스, 브랜디 베이스 등으로 나누어진다.

▸ 칵테일의 3요소

- Base: 칵테일의 기본이 되는 리큐어를 말하며, 기주라고 한다.

  예 위스키, 브랜디, 진, 보드카 등
- Mixer: 칵테일의 기본이 되는 베이스 리큐어와 혼합하는 음료를 말한다.

  예 토닉워터, 소다수, 진저에일, 주스, 청량음료 등

- Garnish: 칵테일의 맛을 더하거나 돋보이게 하기 위해 장식하는 것이다.

  예 Lemon Slice, Lemon Wedge, Orange Peel, Cherry, Olive 등

Cocktail Garnish

▸ 칵테일 제조에 필요한 도구

- Ice Bucket: 얼음을 담는 통을 말한다.
- Ice Tong: 얼음을 집는 집게를 말한다.
- Ice Pick: 얼음을 깰 때 사용하는 도구를 말한다.
- Ice Scoop: 얼음을 퍼서 담을 때 사용하는 부삽을 말한다.
- Squeezer: 오렌지, 레몬 등 과즙의 원액을 짤 때 사용하는 기구를 말한다.
- Muddler: 얼음이 담긴 칵테일 서비스 시 음료를 젓기 위해 사용되는 막대이다.
- Mixing Glass: 보통 16oz 용량의 혼합용 유리 용기로, 칵테일 재료를 혼합하여 섞을 때 사용한다.

Ice Bucket & Ice Tong

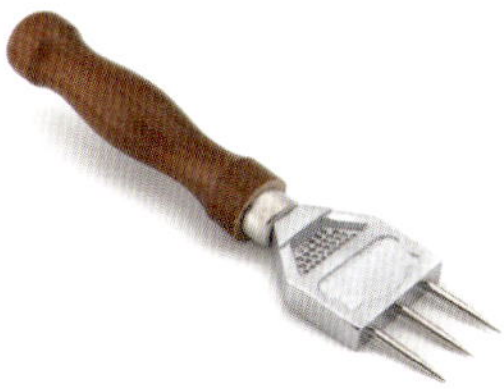

Ice Pick

Ice Scoop

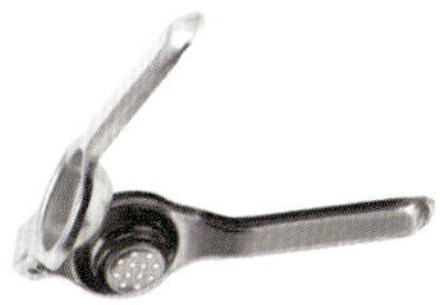

Squeezer

- Shaker: 여러 가지 재료를 섞는 기구를 말하며, 뚜껑(Cap), 몸통(Body), 거름기(Strainer)의 세 부분으로 구성되어 있다.
- Bar Spoon: 보통 스푼보다는 길이가 길고 한쪽 끝은 스푼이고 다른 한쪽은 포크 형태이다. 또한, 잡는 부분이 사용할 때 미끄러지는 것을 방지하기 위해 나선형으로 꼬여 있다. 주로 Mixing Glass의 재료를 섞거나 설탕 등의 첨가물을 넣을 때 사용한다.
- Strainer: Mixing Glass에 만든 칵테일을 글라스로 옮길 때 얼음이 글라스에 들어가지 않도록 거르는 역할을 한다.
- Measure Cup: Jigger라고도 하며 각종 주류 및 부재료의 용량을 재는 기구이다. 2개의 작은 컵이 붙어 있는 모양으로 윗부분은 1oz, 아랫부분은 11/2oz이다.

Shaker

Bar Spoon

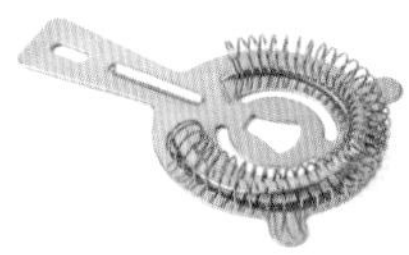

Strainer

Measure Cup(Jigger)

▶ 칵테일 제조법에 관련된 용어

- Blending: 믹서를 이용하는 방법으로, 칵테일 재료에 과일, 우유, 계란 등의 재료가 포함되어 있어 혼합하기 어려울 때 사용하는 기법이다. Blending 기법은 잘게 부순 얼음과 함께 재료를 믹서에 넣어 혼합하는 방법으로 차가운 맛을 느낄 수 있다.
- Stirring: Mixing Glass를 이용하여 비교적 혼합하기 쉬운 재료들을 섞으며 차게 하는 방법이다. Mixing Glass에 얼음과 재료를 넣고 Bar Spoon으로 여러 번 저어 차갑게 하며 재료를 섞은 후 얼음을 걸러내고 내용물만 담는 것이다. 발포성 음료와 함께 저을 경우 조심스럽고 짧게 저어야 기포가 일지 않는다.
- Shaking: Shaker를 이용하여 섞이기 어려운 재료들을 혼합하기 위한 방법으로, 칵테일 재료를 Shaker에 넣어 민첩하고 힘차게 흔들어 혼합한다. 글라스에 따를 때는 얼음을 걸러내고 차가운 내용물만 담아 제공한다.
- Floating: 술의 비중을 이용하는 방법으로, 비중이 다른 재료를 무거운 것부터 차례로 부어 층을 형성하도록 하는 방법이다. 이때는 Bar Spoon을 이용하여 천천히 붓는다(예: B&B).

- Strain: 걸러낸다는 뜻으로 칵테일 재료와 함께 얼음을 넣어 차게 한 후 얼음을 걸러 음료만을 따라 내는 것을 말한다.

Stirring

Strain

Floating

- Seasoning: 칵테일의 맛을 더하기 위해 Tabasco Sauce나 Worcestershire Sauce 등으로 양념하는 것을 말한다(예: Bloody Mary).
- Straight: 얼음이나 아무 첨가물 없이 순수 원액을 마시는 것을 말한다.
- Chaser: Straight나 독한 술 뒤에 마시는 음료를 말한다.
  예 Water, Milk 등
- On The Rocks: 얼음에 원액을 부어 마시는 술을 말한다. 이때 Muddler는 꽂지 않는다.
- Frappe: 얼음을 으깨어 차게 하는 것을 말한다.

▸ 칵테일 제조 시 유의사항

- 칵테일은 항상 차게(4~6℃) 만든다.
- On The Rocks는 2oz 정도, Straight는 1oz 정도가 적당한 양이다.
- Straight로 만들 때는 Chaser를 함께 준비한다.
- Mixer가 발포성일 경우에 너무 많이 젓지 않는다.
- Garnish를 이용하여 장식의 효과를 주되 마르지 않은 것을 써야 한다.
- 얼음을 넣은 칵테일은 Muddler를 같이 준비한다. 사용되는 얼음은 깨끗하고 단단한 것을 사용해야 하며 녹은 얼음은 칵테일을 묽게 하므로 쓰지 않도록 한다. 설탕이 들어가는 칵테일은 설탕을 먼저 넣고 저어 녹인 후 얼음을 넣는다.

▸ 칵테일의 종류

- 위스키 베이스 칵테일(Whisky Base Cocktail)
  - Whisky Sour: 블렌디드 위스키를 베이스로 하며 레몬주스를 넣고 레몬 슬라이스(Lemon

Slice)와 체리로 장식한다.

- Manhattan: 버번 위스키를 베이스로 하며 Sweet Vermouth를 넣고 체리로 장식한다.
- Bourbon Coke: 버번 위스키를 베이스로 하며 코카콜라를 넣는다.

- 진 베이스 칵테일(Gin Base Cocktail)
  - Martini: Dry Vermouth를 섞고 올리브로 장식한다.
  - Orange Blossom: 오렌지 주스를 넣고 설탕을 섞은 후 얼음을 넣고 차게 해서 Strain을 한다.
  - Gin Fizz: 레몬주스에 설탕과 얼음을 넣고 차게 해서 Strain을 한 다음 탄산수를 채운다.
- 보드카 베이스 칵테일(Vodka Base Cocktail)
  - Bloody Mary: 보드카에 토마토 주스를 넣고 Worcestershire Sauce, Hot Sauce, Salt, Pepper 등을 첨가한 다음 레몬 슬라이스로 장식한다.
  - Screw Driver: 오렌지 주스를 넣어 섞는다.

(2) 리큐어

리큐어(Liqueur)는 증류주나 양조주에 약초나 향료, 과실 등을 혼합하여 그 향기를 술에 옮기고 당분을 더한 것으로 주로 식후주로 마신다. 리큐어는 고대 그리스 의사인 히포크라테스가 실험실에서 액체에 다른 재료를 용해시켜서 향과 맛을 넣은 음료수를 만들면서 시작되었다.

리큐어는 당도가 있고 빛깔이 아름다운 술로 혼성주이며, 주정도가 27~80℃에 이르기까지 매우 다양하며 여성들이 즐겨 찾는다. 기내에 탑재되는 대표적인 리큐어는 다음과 같다.

- Vermouth: 18C 프랑스에서 시작되었으며, 화이트 와인에 Herb, Spices, Roots, Flower로 만든 아로마틱 와인(Aromatic Wine)이다. Sweet Vermouth와 Dry Vermouth 두 종

류가 있다.

- Cointreau: 프랑스 르와르 지역에서 생산되는 리큐어로서, 엄선된 오렌지의 에센스를 추출해 고급 브랜디와 섞은 술이다. 오렌지 계열의 리큐어 중 최고급 술이다.
- Grand Marnier: 오렌지를 주원료로 한 골든 브라운 색의 프랑스의 대표적인 리큐어로 코냑과 양질의 오렌지 껍질을 가미하여 만든 술이다.

Ade Ayu/Shutterstock.com

DeymosHR/Shutterstock.com

- Benedictine DOM: 1510년 프랑스 베네딕틴 수도승들에 의해 만들어졌으며, 이들의 이름을 따서 '베네딕틴'이라고 명명되었다. 프랑스에서 가장 오래된 리큐어 중 하나로 호박색을 띤다. 향료(Herb), 약초(Spice)로 만들어져 부드럽고 독특한 맛과 향을 지녔다. 병의 라벨에 'DOM'이라고 적힌 것은 'To God, Most Good, Most Great(최선, 최고의 것을 신에게)'이라는 의미가 있는 라틴어 'Deo Optimo Maximo'의 약자이다.
- Drambuie: 스코틀랜드의 리큐어로 향료를 농축한 것에 15년 이상의 몰트위스키인 스카치위스키와 Honey, Spice로 만들어진 최고급 리큐어의 하나이다.
- Baileys Irish Cream: 아이리시 위스키에 크림과 카카오(초콜릿)를 넣어 만든 것으로 커피 향이 나는 부드럽고 달콤한 리큐어이다.
- Crèam De Menthe: 페퍼민트의 박하 향유를 첨가한 것으로 주로 칵테일의 베이스로 쓰인다.
- Crèam De Casis: Black Current의 열매를 곱게 부순 후 스피릿, 와인 등에 담가서 당분을 넣고 숙성시킨 뒤에 여과한 술이다.

02

기내식 서비스

기내식이란 항공사가 기내에서 승객에게 제공하는 무상 또는 유상의 식사를 말한다. 기내식은 단거리 노선의 간단한 음료부터 장거리 노선의 일등석에서 제공되는 코스 요리까지 그 종류와 내용이 매우 다양하다. 국내 항공사의 경우에는 주로 국제선에서만 기내식이 제공되며 비행시간, 비행 노선, 출발 시간 등에 따라 기내식의 종류, 내용, 제공 횟수가 달라진다.

1. 기내식의 이해

기내식은 비행 중에 고객에게 제공되므로 항공기가 출발하기 전에 기내에 탑재되었다가 계획된 시간과 절차에 따라 고객에게 제공되는데, 기내식의 메뉴는 보통 3개월마다 변경되는 Cycle Menu이다. 기내식은 좁은 공간에 장시간 앉아 있게 되는 승객들을 위해 영양, 칼로리, 소화 흡수 등을 고려하여 지상의 케이터링(Catering)에서 조리되어 기내에 싣게 되며, 기내에 탑재된 기내식은 서비스 전에 오븐에서 가열하여 승객들에게 제공된다.

항공기에 탑재되는 기내식은 비행시간과 비행 구간에 따라 제공되는 기내식의 형태와 제

Phuong D. Nguyen / Shutterstock.com

대한항공은 동치미국수, 비빔밥, 곤드레밥, 버섯밥, 낙지덮밥 등 다양한 한식을 기본으로 제공하고 있으며, 여행 목적지를 감안해 양식, 중식, 일식 등도 함께 서비스하고 있다.

표 | 기내식 제공 시간에 따른 Type 및 비행시간에 따른 제공 횟수

<table>
<tr><th>Meal Type</th><th>Serving Time</th><th>비행시간에 따른 식사 제공 횟수</th></tr>
<tr><td>Breakfast</td><td>03:00~09:00</td><td rowspan="7">• 6시간 이내: 1회
• 6시간 이상~13시간 미만: 2회 + Snack
• 13시간 이상: 3회</td></tr>
<tr><td>Brunch</td><td>09:00~11:00</td></tr>
<tr><td>Lunch</td><td>11:00~14:00</td></tr>
<tr><td>Dinner</td><td>18:00~21:00</td></tr>
<tr><td>Supper</td><td>21:00~24:00</td></tr>
<tr><td>Snack</td><td>14:00~18:00
24:00~03:00</td></tr>
<tr><td>Refreshment</td><td>기타 시간</td></tr>
</table>

공 횟수가 달라진다. Hot Meal은 비행시간이 2시간 이상 되는 구간에서 제공되며, Cold Meal은 2시간 이하의 구간에서 제공된다.

이코노미석은 애피타이저, 샐러드, 주요리, 디저트, 빵 등이 각각의 용기에 담겨 한 트레이 위에 세팅되어 제공되는 반면에, 상위 클래스에는 서양식의 코스에 맞추어 애피타이저, 수프, 샐러드, Entrée, 디저트, 커피 & 티의 순서로 서비스된다.

기내식은 다음과 같은 사항들을 고려하여 구성된다.

첫째, 기내식은 비행시간과 제공되는 시간에 따라 다른 메뉴와 구성으로 이루어진다.

둘째, 기내식은 좌석 등급별로 제공되는 메뉴와 서비스 방법이 다르다.

셋째, 취항지의 특성을 살린 현지 특산 식자재를 이용하여 메뉴를 구성하기도 하며, 계절과 어울리는 식자재를 이용하여 메뉴를 구성한다.

넷째, 해당 구간에 주로 탑승하는 승객에 따른 국적, 식생활, 종교, 전통을 고려하여 메뉴를 구성한다.

위와 같은 사항들을 고려하여 기내식을 구성하나, 가장 일반적인 기내식은 서양식을 기준으로 구성된다. 또한, 기내식은 일 년에 두 번 또는 분기별 주기로 메뉴를 변경하여 다양한 기내식을 제공한다.

2. 기내식의 구성 요소

1) 식사 트레이의 구성 설명

(1) 기물

▸ Cutlery Set

포크, 나이프, 티스푼, 이쑤시개, 소금, Pepper Twin Pack, Paper Dinner Napkin, 설탕, 크림 등이 비닐에 밀봉되어 있다.

① Cutlery Set ② Large Melamine Bowl ③ Small Melamine Bowl ④ Casserole ⑤ Melamine Glass ⑥ Melamine Cup
| Mavadee / Shutterstock.com

▶ Large Melamine Bowl

빵과 버터가 주로 놓여 있으며, 한식 메뉴 트레이에는 고추장이 세팅되어 있다.

▶ Small Melamine Bowl

애피타이저, 디저트 세팅 용도로 사용된다. 먼지 및 오염방지를 위해 투명 플라스틱 뚜껑을 씌운다.

▶ Casserole

Hot Entrée Dish로 오븐에 미리 세팅된 채로 탑재된다. 데워서 트레이에 세팅한다.

▶ Melamine Glass

와인 서비스가 있는 구간에서는 와인글라스가 함께 탑재된다.

▶ Melamine Cup

커피 또는 티 서비스를 위한 기물이다.

(2) 기내식의 구성 요소

▶ 애피타이저

입맛을 돋울 수 있는 산뜻하고 시큼한 맛의 샐러드 등 각종 애피타이저가 실린다.

▶ 디저트

단맛이 강한 케이크, 푸딩, 또는 후식용 과일이 탑재된다.

▶ 빵

소프트 롤(Soft Roll) 혹은 하드 롤(Hard Roll)이 버터와 함께 탑재된다.

▶ Entrée

주요리를 지칭하며 주로 소고기, 닭고기, 생선, 해산물 등이 조리되어 채소, 밥 또는 감자와 함께 구성된다.

▶ 커피, 티

정찬에서는 후식의 개념으로 식후에 서비스한다.

Entrée의 3가지 구성 요소

- Meat: 주로 Beef, Fish, Chicken, Seafood 등이 실린다.
- Vegetable: 브로콜리, 콜리플라워, 청경채, 아스파라거스, Baby Corn 등이 많이 실린다.
- Starch: 전분이나 곡류, 감자, 백반, 국수, 파스타 등이 많이 실린다.

alif_Osman/Shutterstock.com(우)

(3) 아침 식사

아침 식사의 경우에는 기내식 기본 구성 요소에 변화를 준다.

▶ 애피타이저

샐러드 대신 과일 애피타이저가 나간다.

▶ 디저트

서양식 아침 식사에는 디저트가 없다. 대신 요거트가 많이 탑재된다.

▶ 빵

아침 식사에서는 빵의 비중이 조금 커지므로 더 부드럽고 풍부한 맛의 아침 식사용 빵으로 크루아상(Croissant), 대니시 페이스트리(Danish Pastry), 스네일 롤(Snail Roll), 머핀(Muffin) 등이 과일잼과 함께 실린다.

▶ Entrée

계란 요리가 기본으로 오믈렛(Omelette), 프렌치토스트(Fresh Toast), 스크램블드에그(Scrambled Egg), 키슈(Quiche) 등이 있으며, 한식 Entrée로 죽이 실리기도 한다.

▶ 커피, 티

정찬에서 후식 개념이었던 커피, 티가 아침 식사에서는 식사 중 음료로 식사와 함께 서비스 한다.

기내에 실리는 생선/해산물 메뉴의 재료 이름

- Sea Bass: 농어. 기내식 주요리로 많이 실리는 생선이다.
- Salmon: 연어. 서양인이 좋아하는 생선 중 하나로, 훈제연어는 전채요리로, 크림소스를 곁들인 연어 스테이크가 주요리로 탑재된다.
- Cod: 대구
- Eel :장어. 장어덮밥 형태로 탑재된다.
- Sole: 가자미. 다른 재료로 속을 채운 것이 Stuffed Sole이다.
- Halibut: 광어. 넙치를 통틀어 말하기도 한다.
- Snapper: 도미
- Trout: 송어
- Cuttlefish(Squid): 오징어. 주로 Seafood와 섞여 실린다.
- Jellyfish: 해파리. 단독으로가 아닌 다른 재료와 함께 애피타이저로 사용되기도 한다.
- Prawn: 중간 크기 이상의 왕새우. 주로 구이나 튀김용으로 이용된다.
- Shrimp: 일반적인 새우. 볶음밥이나 샐러드, Seafood에 사용된다.
- Dried Anchovy: 마른 멸치. 고객들이 세관신고서 작성을 위해 많이 물어보기도 한다.
- Dried Pollack: 북어. 비빔밥 등 한식 메뉴를 서비스할 때 함께 나오는 국에 사용된다.
- Laver: 김. 고객들이 세관신고서 작성을 위해 많이 물어보기도 한다.
- Octopus: 문어. 주로 한식 덮밥으로 매콤하게 요리된다.
- Crab: 게. 주요리로는 실리지 않지만, 샐러드나 애피타이저 재료로 활용된다.

3. 특별 기내식

특별 기내식(Special Meal)이란 승객의 종교 및 병·의학적인 사유, 나이 등의 제한으로 일반적인 기내식을 섭취하지 못하는 승객을 위해 탑재되는 음식으로서, 특별 기내식을 예약 주문하기 위해서는 좌석을 예약할 때 또는 항공기 출발 24시간 전까지 주문하게 되면 기내에 탑재된다.

1) 특별 기내식의 종류

특별 기내식의 구분 및 종류와 제공 범위는 항공사에 따라 약간의 차이가 있으나, 국제항공운송협회(IATA) 기준에 따른 특별 기내식의 종류는 다음과 같다.

(1) 종교상 이유에 의한 특별 기내식

▸ 이슬람교 종교식(Moslim Meal)

이슬람교(회교) 율법에 따라 준비되는 회교도인을 위한 기내식으로, No Pork Meal이라고 칭하기도 한다. 주로 생선, 닭고기, 채소, 쌀밥으로 구성된다. 우유는 허용되나 돼지고기, 돼지고기 제품[예: 베이컨, 햄, 살라미(Salamis)], 알코올류는 사용하지 않는다.

힌두교 종교식

종교식	채식	식이요법식	유아식 및 어린이식	기타
이슬람교식 (Muslim Meal)	순수 채식 (Vegan Vegetarian Meal)	연식 (Bland Meal)	유아식 (Baby Meal)	해산물식 (Seafood Meal)
힌두교식 (Hindu Meal)	유제품을 곁들인 채식 (Vegetarian Lacto-Ovo Meal)	당뇨식 (Diabetic Meal)	유아용 어린이식 (Child Meal for Infant)	과일식 (Fruit Platter Meal)
유대교식 (Kosher Meal)	동양 채식 (Vegetarian Oriental Meal)	저지방식 (Low Fat Meal)	어린이식 (Child Meal)	
	생야채식 (Raw Vegetarian Meal)	저열량식 (LoW Calorie Meal)		
		저염식 (Low Sodium Meal)		
		유당 제한식 (No Lactose Meal)		
		글루텐 제한식 (Gluten-Free Meal)		

참조 | 아시아나항공, 대한항공 홈페이지

▸ 힌두교 종교식(Hindu Meal)

힌두교인을 위한 음식으로, No Beef Meal이라 칭하기도 한다. 힌두교의 관례, 식사법 및 믿음에 따라 준비된 요리로 소고기와 돼지고기를 제외한 양고기(Lamb), 가금류(Fowl), 생선, 유제품은 허용한다.

▸ 유대교 종교식(Kosher Meal)

Kosher란 'Pure Clean'을 뜻하며, 유대교 종교식은 랍비의 감독, 관리에 의해 유대인의 전통대로 만들어지는 유대인 고유의 음식을 말한다. 종교의식을 거쳐 도살된 육류만을 사용하고, 다른 음식을 만드는 데 사용되는 기물이나 장소로부터 분리, 제조되어야 한다. 유대교 종교식은 완제품 형태로 항상 밀봉된 상태로 서비스되어야 하며, 기물의 재사용은 금하고 있으므로 용기가 일회용이어야 한다.

곡류, 야채, 과일, 티, 커피 등은 유대교 종교식로 서비스되기에 전혀 제한이 없는 식품들이다. 육류는 Kosher의 규정에 따라 준비된 것만을 사용할 수 있으며 유제품과 함께 조리되

유대교 종교식 서비스 방법

밀봉되어 박스에 포장되어 탑재된 유대교 종교식은 서비스 전에 승객이 직접 확인하고 박스 포장을 뜯고 Entrée Heating 여부를 확인한 후 서비스한다.

g215/Shutterstock.com

거나 서비스되어서는 안 된다(예: 육류 + 버터, 우유 등).

금기 식재로는 돼지고기가 포함된 음식, 조개류 및 갑각류(예: 굴, 새우, 게, 바닷가재), 비늘과 지느러미가 없는 생선류 등이 있다.

(2) 채식

▸ 순수 채식(Vegan Vegetarian Meal)

생선류, 가금류를 포함한 모든 육류뿐만 아니라 계란 및 유제품, 꿀 등도 사용하지 않은 엄격한 채식 음식이다.

채식 | Liadmalone, CC BY-SA 3.0

▸ 유제품을 곁들인 채식(Vegetarian Lacto-Ovo Meal)

생선류, 가금류를 포함한 모든 육류 등은 사용하지 않고, 계란 및 유제품은 허용되어 조리된 서양식 채식 음식을 말한다.

▸ 동양식 채식(Vegetarian Oriental Meal)

중국식으로 조리한 야채식으로 생선류, 가금류를 포함한 모든 육류와 계란, 유제품을 사용하지 않고, 양파, 마늘, 생강 등의 뿌리 식품 또는 알뿌리 채소 등은 사용한 채식을 말한다.

▸ 생야채식(Raw Vegetarian Meal)

채식 중에서도 야채를 전혀 조리하지 않은 생채소와 생과일로 구성된 메뉴이다.

(3) 건강에 따른 식이요법식

건강상의 이유로 특별한 식단이 필요한 승객에게 의학 및 영양학적 전문지식을 바탕으로 구성된 메뉴이다.

▸ 연식(Bland Meal)

소화기 질환이 있거나 소화 기능이 저하된 승객을 위한 소화하기 쉽고 가벼운 식사이다. 저지방 육류 및 흰살생선, 위에 부담이 적은 섬유질 등의 식자재를 사용하고, 재료를 튀기는 대신 살짝 익히거나 끓이기 또는 굽는 방법으로 조리한다. 위에 부담을 주는 강한 향신료, 양념류의 사용을 제한하며, 가스를 유발하는 양파, 양배추 등의 야채 및 기름기가 많은 음식 재료의 사용을 제한한다.

▸ 당뇨식(Diabetic Meal)

당뇨병 환자를 위한 식사이다. 기름기가 없는 육류나 기름기를 제거한 육류를 사용하며, 음식을 튀기지 않는다. 순 곡물로 만든 빵, 곡물, 신선한 과일, 채소를 사용하여 조리하며 유제품의 경우 저지방 제품을 사용한다. 설탕과 꿀을 포함한 음식 특히 케이크, 페이스트리 빵류, 아이스크림, 달콤한 소스류, 비스킷류, 동물성 기름은 사용하지 않는다.

▸ 저지방식(Low Fat Meal)

심장병이나 지방간 등의 질환이 있는 승객을 위한 식사이다. 콜레스테롤 함량이 많은 고지방 육류, 농축된 육수, 계란 노른자, 갑각류 등을 사용하지 않고, 저지방 육류, 저지방 생선 및

저지방식 | LFML Sorbis/Shutterstock.com

신선한 채소, 과일, 시리얼 등 고섬유질 제품을 사용하고 찌거나 삶는 조리법을 이용한다.

▸ 저열량식(Low Calorie Meal)

체중조절을 목적으로 열량을 제한한 식사로, 저지방 육류 및 유제품을 사용하며, 열량은 적으나 포만감을 주는 해조류, 신선한 과일, 채소 등 고섬유질 재료를 사용한다.

▸ 저염식(Low Sodium Meal)

고혈압, 간 질환, 신장병 등의 질환이 있어서 염분 성분이 제한된 식사를 원하는 승객을 위한 식사이다. 신선한 과일, 채소, 저염 식재료를 사용하고 해조류 및 냉동 생선은 물에 담가 염분을 제거한 후 사용한다. 소금, 간장류, 고기 육수, 가공 수프, 케첩 등 염분이 포함된 향신료는 피한다.

▸ 유당 제한식(No Lactose Meal)

유당 알레르기가 있는 승객을 위한 것으로, 유당을 함유한 모든 형태의 유제품(우유, 크림, 분유)을 엄격히 제한한 식사를 말한다. 우유 대신 두유, 코코넛 우유를 사용하여 조리한다.

▸ 글루텐 제한식(Gluten-Free Meal)

글루텐 민감성 장 질환, 만성 소화장애 등이 있거나 밀(소백분)에 대한 알레르기가 있는 승객을 위한 식사를 말한다. 밀 대신 보리, 감자, 쌀, 콩 등에서 만들어진 전분을 사용함으로써 식재료 내의 글루텐을 엄격하게 제한한다.

(4) 유아식 및 어린이식

▶ 유아식(Baby Meal)

24개월 미만의 영유아를 위하여 유아식과 아기용 주스가 제공된다.

▶ 유아용 어린이식(Child Meal For Infant)

식사가 가능한 24개월 미만의 영유아를 위한 식사로 어린이식 기본 메뉴(Child Meal)가 제공된다.

▶ 어린이식(Child Meal)

만 24개월부터 12세 이하의 어린이를 위한 식사로 항공사에서 제공하는 메뉴 중에 선택하여 주문할 수 있다.

(5) 기타

▶ 해산물식(Seafood Meal)

해산물을 선호하는 승객을 위한 특별식으로, 생선 및 해산물을 주재료로 한 식사가 제공된다.

▶ 과일식(Fruit Platter Meal)

첨가제나 방부제가 없는 음식을 원하는 승객을 위한 것으로, 일반적인 기내식 대신 신선한 과일로만 구성된 식사를 말한다.

2) 특별 기내식 서비스 방법

갤리 담당 승무원이 SHR(Special Handling Request) 상의 특별 기내식 주문 내용을 확인한다. 승객이 탑승한 후 각 구역별 갤리 담당 승무원은 SHR을 참고하여 특별 기내식 주문 승객에게 승객의 주문 내용, 성명, 좌석 번호를 확인한다. 그리고 서비스하기 전에 해당 승객에게 특별 기내식 주문 여부를 다시 한 번 더 확인한 후 제공하도록 한다.

어린이식 | Sergey Kohl/Shutterstock.com

해산물식 | MoreGallery/Shutterstock.com

과일식 | MoreGallery/Shutterstock.com

03

서양식의 이해

1. 서양식의 특성

서양식은 일반적으로 한상 차림인 한식과는 달리 '전채 → 스프 → 샐러드 → 주요리 → 디저트' 등의 코스별로 식단이 짜여 있다. 코스별 식사의 양은 'Light → Heavy → Light'로 구성되어 있으며, 식사의 맛 또한 식욕을 촉진할 수 있는 Dry한 맛에서 소화를 도와주는 Sweet한 맛의 순서로 구성되어 있다.

서양식은 이탈리아 로마에서 시작되어 프랑스로 전파되어 프랑스 요리가 세계적으로 가장 유명하며 그 전통성으로 인하여 진가를 인정받고 있으나, 서양식으로 제공되는 코스별 음식은 각 나라별, 지역별, 종교 및 생활양식과 식습관에 따라 그 메뉴의 구성과 조리 방법에 차이가 있다.

2. 서양식 메뉴의 종류

서양식 메뉴의 종류는 모든 코스가 제공되는 Table D'hôte, 코스 중에 원하는 음식만 자유로이 선택하여 먹을 수 있는 A La Carte, 그리고 요리사가 권하는 Special Menu 등이 있다.

1) Table D'hôte

TABLE D'HÔTE

Fava Beans Salad with Smoked Prosciutto
프렌치 콩 샐러드와 훈제 프로슈토

Soup of the Day
오늘의 특선 스프

Sauteed Salmon and Porcini Gnocchi with Red Wine Sauce
포르치니 뇨키와 연어구이

Duck Breast with Root Vegetable and Apple Ragout
사과 조림을 곁들인 오리가슴살

Organic Greens with Toasted Walnut
유기농 야채순 샐러드

Yogurt Mousse Layered with Caramel Cream
요구르트 무스와 카라멜 크림

Coffee or Tea
커피 또는 차

Table D'hôte 메뉴

Table D'hôte(타블르 도트, 정식 메뉴)는 Full Course Menu로서 한 끼분으로 구성되어 있으며 일정한 순서대로 미리 짜여 있어서 모든 코스는 본인의 선호 여부와 관계없이 제공된다. 고객은 코스에 대한 선택의 기회가 없는 반면 그 차림표와 가격을 쉽게 이해할 수 있는 이점도 있다. 주방장이 선택한 최고의 음식 궁합에 맞추어 메뉴가 구성되며, 대체로 값도 비싸고 질도 우수한 메뉴들이 제공된다.

2) A La Carte

A La Carte(아라카르트, 일품요리)는 각 코스별로 준비된 다양한 메뉴 중에서 고객의 취향과 식성대로 한 가지씩 자유로이 선택하여 먹을 수 있는 차림표이다. A La Carte 메뉴는 품목별로 가격을 정해 놓은 것으로, 종류에 따라 가격의 차이가 있으며 값이 비싼 특별요리도 많다. Table D'hôte의 각 코스의 음식량보다 A La Carte의 코스별 음식의 양이 많으므로, 코스별로 음식을 모두 주문하지 않고 전채요리와 샐러드 중 하나를 선택하고 주요리 중 한 가지 그리고 디저트를 선택하여 먹는 것이 일반적이다.

A LA CARTE

Seared Sea Bass ------------------------------------ 35,000
조개주스와 마늘향의 농어구이

Grilled Ribeye "Wagyu"------------------------------ 43,000
와규 등심 구이

Chateaubriand Flambe ----------------------------- 96,000
샤토브리앙 플람베(2人)

A La Carte 메뉴

3) 특별요리 메뉴

특별요리 메뉴(Special Menu, Chef's Recommendation)는 제철 식재료를 이용하여 신선

한 맛과 계절의 맛을 느낄 수 있도록 짜인 메뉴이다. 고객의 기호에 맞추어 양질의 재료로 때와 장소, 계절에 맞게 고객에게 매일 변화 있는 메뉴를 저렴한 가격으로 제공하기 위한 것으로 가격이 합리적이고 메뉴 구성도 알찬 편이어서 인기 있는 메뉴이다.

4) 뷔페 메뉴

뷔페 메뉴(Buffet Menu)는 코스별로 다양한 종류의 음식을 다량으로 만들어서 제공한다. 고객들은 자신의 접시에 원하는 음식들을 직접 담아 먹을 수 있으므로, 다양한 음식을 무제한 먹을 수 있다는 장점이 있다. 보통 '차가운 음식 → 더운 음식 → 디저트'의 순으로 2~3회 정도 나누어 선택하여 먹는 것이 좋다.

3. 서양식 식사 매너

서양식은 코스의 순서에 따라 음식이 제공된다. 각 코스별로 음식의 종류나 서비스에 따라 사용하는 기물(포크, 나이프, 스푼 등)이 다르므로 서양식 레스토랑의 경우 보통 식사에 필요한 기물이 그림과 같이 테이블에 미리 세팅되어 있는 것이 일반적이다. 그러므로 원활한

서빙을 위해서는 테이블에 세팅된 기물이나 글라스를 임의로 옮기지 않도록 해야 한다. 세팅된 기물을 사용하는 방법은 제공되는 음식의 순서에 맞추어 가장 바깥쪽부터 시작하여 안쪽의 기물 순서로 사용하면 된다. 또한, 오른쪽 위에는 와인글라스와 물컵이, 왼쪽에는 빵 접시가 세팅되므로 혼동하지 않도록 주의해야 한다.

식사하면서 대화를 하거나 잠시 자리를 뜨는 경우에는 아래 그림과 같이 포크와 나이프를 八자 형태로 두고, 식사를 끝낸 경우에는 한쪽으로 모아둔다.

자리를 잠시 뜨는 경우(왼쪽)와 식사를 끝낸 경우(오른쪽)의 유럽식 테이블 매너

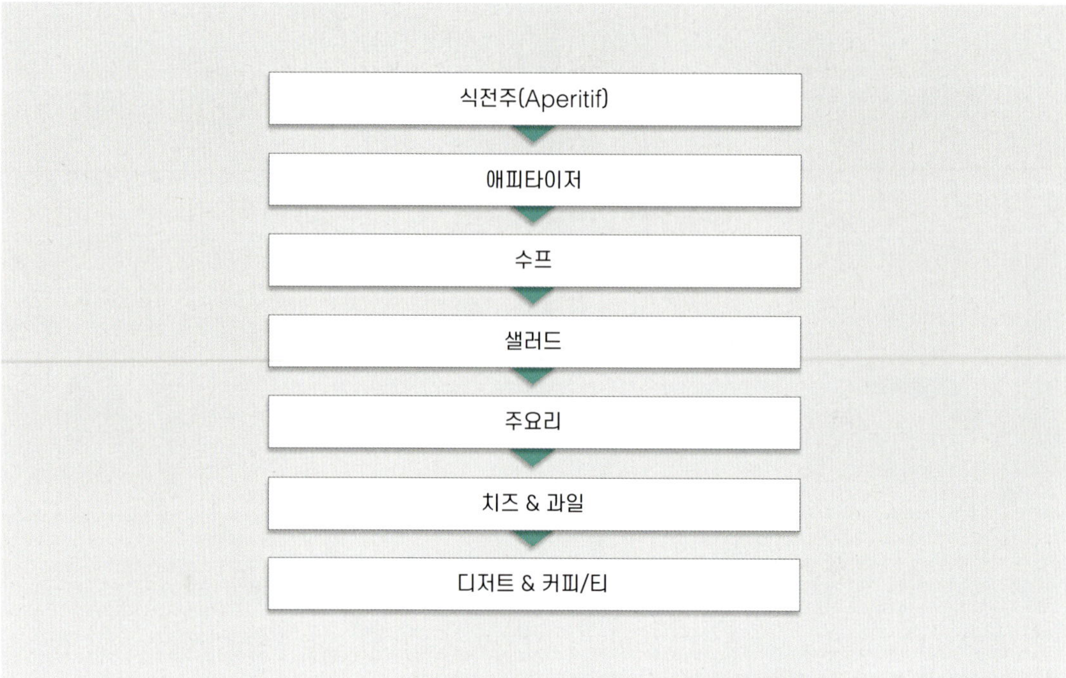

표 | 서양식 디너 코스 순서

4. 서양식 코스별 이해

1) 빵

(1) 빵의 역할

빵(Bread)은 식사 시작과 함께 시작해서 디저트 코스 전까지 계속 서비스된다. 빵은 아침 식사의 경우 큰 비중을 차지하며, 점심 식사 또는 저녁 식사의 경우에는 혀에 남은 음식의 맛을 씻어주어 코스별로 서비스되는 음식 고유의 맛을 즐길 수 있도록 하며, 우리나라 한식의 밥과 같은 역할을 한다.

빵 접시는 왼쪽에 놓이며, 이때 제공된 빵은 포크나 나이프를 이용하는 것이 아니라 손으로 한입 크기로 뜯어서 버터나이프를 이용하여 버터나 잼을 발라 먹는 것이 올바른 매너이다.

(2) 빵의 종류

▶ 저녁 식사용 빵(Dinner Bread)

소프트 롤, 하드 롤, 프렌치 바게트(French Baguette), 호밀빵(Rye Bread), 갈릭 브레드(Garlic Bread) 등

▶ 아침 식사용 빵(Breakfast Bread)

대니시 롤, 브리오슈, 크루아상, 소프트 롤, 머핀 등

2) 애피타이저

애피타이저[Appetizer, Hors D'oeuvre(오르 되브르), Starter, 전채요리]는 주요리를 먹기 전에 식욕을 돋우기 위해 먹는 소량의 음식을 말한다. 따라서 주요리를 즐기기 위해서는 전채요리가 아무리 맛있어도 적당히 먹는 것이 좋다.

세계 3대 진미 요리인 푸아그라(Foie Gras, 거위 간), 캐비아(철갑상어 알), 트러플(Truffle, 송로버섯) 등이 한 입 정도 크기의 카나페(Canape) 형식으로 제공되며, 훈제연어, 새우 칵테일, 고기 파이 등도 대표적인 전채요리이다. 전채요리는 차가운 것만 있는 것이 아니라 달팽이(Escargot) 요리와 같이 따뜻한 전채요리도 있다.

(1) 특성

- 제일 처음 시작되는 요리로 색채와 장식이 아름답고 화려한 것이 특징이다.
- 신맛, 짠맛이 가미되어 타액의 분비를 자극하고 촉진해 식욕을 돋워 주는 역할을 한다.
- 재료가 중복되지 않도록 주요리와의 균형을 고려해야 한다.

(2) 애피타이저의 종류와 특성

▸ 캐비아(Caviar)

철갑상어의 알을 소금에 절인 것으로 Hors D'oeuvre Menu 중 가장 대표적인 음식이다. 단백질, 비타민 등 좋은 영양소를 많이 함유하고 있으며 콜레스테롤도 전혀 만들어 내지 않는 100% 완전 흡수 식품이다.

캐비아는 주로 차게 해서 즐기고 계란 노른자 & 흰자(Egg York & Egg White) 다진 것, 잘게 다진 양파(Chopped Onion), 레몬, 샤워 크림(Sour Cream) 등을 곁들여서 먹거나 얇은 토스트(Melba Toast), 프렌치 호밀빵(French Rye Bread) 등에 얹어서 먹는다. 차가운 보드카 또는 샴페인과 함께 즐기면 더욱 좋다. 캐비아의 종류에는 벨루가(Beluga), 오세트라(Ossetra), 세브루가(Sevruga) 등이 있다.

▸ 훈제연어(Smoked Salmon)

훈제연어는 여러 종류의 나무 향료를 배합한 차가운 연기로 3~4일에 걸쳐 훈제하는 전통적인 방법을 쓰며, 맛이 부드럽고 색이 아름다워(주황색) 주요리(Entrée)보다는 Hors

캐비아 | Agent Wolf/Shutterstock.com

훈제연어

D'oeuvre로 많이 쓰인다. 훈제한 연어는 맛이 부드럽고 풍미도 좋으며 주로 레몬, 양파, 케이퍼(Caper) 등과 함께 먹거나 얇은 토스트와 함께 먹는다.

▸ 푸아그라(Foie Gras)

거위나 오리의 간을 살짝 익힌 요리로 캐비아와 함께 전채요리 중 최고급 요리에 속한다. 희귀하고 값이 비싸기로 유명한 식용버섯의 일종인 트러플과 매우 잘 어울리며 주로 차게 해서 먹는다. 맛이 부드럽고 풍미가 강하여 고단백 영양 식품으로 유명하다.

▸ 카나페(Canape)

얇고 작게 자른 빵조각 위에 여러 가지 재료(캐비아, 푸아그라, 훈제연어, 햄, 치즈 등)를 얹어서 만든 요리로, 손으로 먹어도 무방하며 식전주(Aperitif)와 매우 잘 어울리는 전채요리이다.

푸아그라

트러플

카나페

삶은 집게발

새우 칵테일

▸ 삶은 집게발(Crab Claw)

게를 삶아 집게발의 껍질을 조금 벗겨서 먹기 좋게 만든 전채요리이다. 벗겨진 부분을 포크로 잡으면 안의 속살이 빠져서 먹기 편하다.

▸ 새우 칵테일(Shrimp Cocktail)

꼬리 부분만 남기고 머리 부분과 껍질을 제거한 새우를 사용하며, 뜨거운 물에 살짝 데쳐서 칵테일 소스와 함께 제공한다.

3) 수프

수프는 서양식에서 유일하게 국물이 있는 요리로 육류, 조류, 어패류 또는 채소를 고아낸 국물(Stock)로 만든다. 주요리 전에 제공되어 식욕을 돋우고 이어지는 음식의 소화를 도우며, 위벽을 보호하는 역할을 한다. 일반적으로 수프는 디너 식사와 함께 제공되는 경우가 많다.

수프의 특성에 따라 Clear Soup, Thick Soup로 나뉜다.

(1) Clear Soup(Consommé, 콩소메)

육류나 생선을 재료로 하여 국물을 낸 수프를 말하며, 주로 코냑 색이며 맑고 투명하다. 국물을 내는 재료에 따라 Beef Consommé, Chicken Consommé, Fish Consommé라고 한다.

콩소메

(2) Thick Soup(Potage, 포타주)

전분이 함유되어 걸쭉한 것이 특징인 수프를 말한다. Thick Soup에는 크림수프, 퓌레 수프, 차우더 수프 등이 있으며, 수프와 어울리는 여러 가지 Garnish(고명 또는 장식물)를 넣어 다양한 풍미로 즐길 수 있다.

- 크림수프(Cream Soup): 밀가루를 버터에 볶아 우유를 넣어 만드는 수프로 재료에 따라 치킨 크림수프, 생선 크림수프, 브로콜리 크림수프, 토마토 크림수프 등 다양하다.
- 퓌레 수프(Purée Soup): 각종의 야채를 익혀서 걸러내어 진하게 만드는 수프로, 대표적인 것으로는 야채수프가 있다.

크림수프

퓌레 수프

크림 차우더 수프

- 차우더 수프(Chowder Soup): 생선, 조개, 감자와 야채로 만든 일종의 크림 형태의 수프로서 조갯살 차우더수프(Clam Chowder Soup), 옥수수 차우더 수프(Corn Chowder Soup) 등이 있다. 둥근 모양의 하드 브레드(딱딱한 빵)의 속 부분을 파내고 그 안에 차우더 수프를 넣어 제공하기도 한다.

(3) Soup Garnish

수프 위에 다음과 같은 것을 곁들여 장식한다.

- 각종 야채
- 크루통(Crouton): 식빵을 사방 1cm 크기로 썰어서 버터에 볶거나 기름에 튀긴 것으로 수프 또는 샐러드 위에 Garnish로 사용한다.
- 크래커(Cracker): 잘게 부수어 수프와 함께 먹는다.
- 다진 베이컨(Chopped Bacon): 베이컨을 바싹 구워 잘게 다진 것으로 수프의 맛과 풍미를 더해 준다.

호박 수프와 Soup Garnish

4) 샐러드

(1) 샐러드의 역할

샐러드(Salad)는 신선한 채소를 주재료로 하는 알칼리성 식품으로 비타민과 미네랄이 함유되어 육식을 중화시켜 주는 역할을 한다. 가볍고 신선한 미각으로 비중 있는 주요리와의 조화를 이룬다.

샐러드

(2) 드레싱

드레싱(Dressing)은 샐러드의 맛과 풍미를 더해 주는 역할을 하는 것으로, 식물성 기름과 식초를 주재료로 하여 소금, 후추, 허브 등 여러 가지 양념을 가미하여 만든 것으로 샐러드 위에 얹어 먹는다.

가장 기본적인 샐러드 드레싱

- French Dressing: 올리브 오일에 식초, 소금, 후추, 레몬주스 등을 섞어 만든 것으로 신맛이 강하게 나는 Oil Type의 드레싱
- Italian Dressing: 식물성 오일에 식초 또는 레몬주스, 파프리카 등을 넣어 만든 신맛이 나는 Oil Type의 드레싱
- Thousand Island Dressing: 마요네즈 소스에 삶은 계란, 토마토케첩, 양파, 피클 등을 넣어 만든 Cream Type의 드레싱

5) 주요리

주요리(Main Dish, Entrée, 앙트레)는 Entrée, Starch, Vegetable 등 3가지로 구성되어 있는데, 이는 영양의 균형을 위해 단백질, 지방, 탄수화물, 무기질, 비타민 등 영양소가 골고루 있음을 뜻한다.

(1) Entrée

주요리, Entrée는 다음과 같은 재료를 사용하여 메뉴를 구성한다.

- Meat류: 소(Beef), 송아지(Veal), 돼지(Pork), 양(Mutton, Lamb) 등
- Poultry류: 닭(Chicken), 오리(Duck) 등 가금류
- Seafood류: 생선(Fish), 갑각류(Shellfish) 등

스테이크의 익힌 상태

- Rare: 표면만 살짝 구워 고기를 잘랐을 때 중심부가 거의 날고기 상태인 것
- Medium Rare: Rare보다 조금 더 구운 상태로 스테이크의 중심이 핑크색 부분과 붉은색 부분이 섞여 있는 상태
- Medium: 중간 정도 구운 상태로 중심부가 모두 핑크색을 띠는 정도
- Medium Well Done: Medium보다 더 구운 상태
- Well Done: 완전히 구운 상태로 중심부 전체가 갈색을 띠는 상태

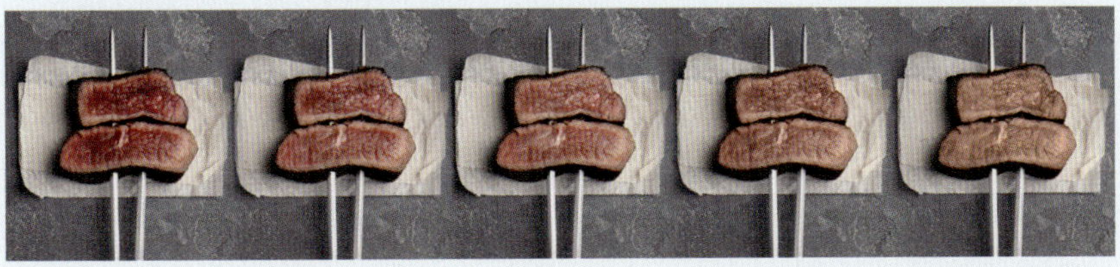

Rare　Medium Rare　Medium　Medium Well　Well Done

Beef를 이용한 스테이크의 종류

T-Bone Steak

1. 안심(Tenderloin)을 이용한 스테이크

- 샤토브리앙(Chateaubriand): 소의 등뼈 양쪽에 붙어 있는 가장 연한 안심 부분으로 스테이크의 최고품이다. 19세기 프랑스 귀족 샤토브리앙이 즐겨 먹었던 것으로 그의 주방장 장 몽미레이유에 의해 고안된 것이라 한다.
- 투르느도(Tournedos): 안심 부위를 자른 것에 얇게 저민 돼지비계나 베이컨을 감은 모양으로 요리한 스테이크이다. 베이컨을 감아 요리하는 것은 지방분을 보충하고 베이컨의 강한 풍미가 소고기로 옮겨져 스테이크의 풍미를 증가시키기 위해서이다.
- 필레미뇽(Fillet Mignon): 필레미뇽은 작고 예쁜 스테이크라는 의미로 안심의 뒤쪽 끝부분을 잘라서 베이컨을 감아 구워낸 요리로 역시 고급 스테이크로 애호된다. 거위 간을 곁들인 'Fillet Mignon Rossini' 요리는 매우 유명하다.

2. Sirloin Steak

갈비 아래쪽에 붙은 등심 고기로서 안심보다는 육질이 약간 질기고 고소한 맛을 지닌 스테이크로 영국 왕 찰스 2세가 즐겨 먹어 이 고기에 작위를 주었다 한다. Loin(허릿살)에 'Sir'를 붙여 Sirloin Steak라고 불린다.

3. T-Bone Steak

한 개의 뼈를 사이에 두고 한쪽에는 Fillet, 다른 한쪽에는 Sirloin이 붙어 있어 하나의 스테이크에서 두 부위의 맛을 볼 수 있는 사치스러운 스테이크이다. 뼈가 T자 모양을 하고 있어 T-Bone Steak라 부른다.

4. New York Steak

소의 13번째 갈비에서부터 허리 끝까지 왼쪽 뼈끝 사이의 척추 위에 붙은 살로 만든 스테이크를 말하며 잘랐을 때의 모양이 뉴욕시의 맨해튼(Manhattan) 섬을 닮았다 하여 이름이 붙여졌다.

(2) Starch

곡물, 감자, 파스타 등 녹말 또는 전분을 함유하고 있는 것을 말한다.

▸ 감자류

- Baked Potato: 감자를 껍질을 벗기지 않고 십자 모양으로 칼집을 낸 후 통째로 구워서 버터, 샤워 크림, 그린 어니언(Green Onion), 베이컨 등과 함께 먹는 요리이다.
- Mashed Potato: 찐 감자의 껍질을 벗겨 으깨어 버터, 우유, 크림 등을 넣어 섞은 요리이다.
- Hashed Potato: 감자를 가늘게 채 썰어 소금, 후추로 간해 버터로 노랗게 구운 것이다.
- French Fries: 감자를 벗긴 후 여러 면으로 잘라 기름에 튀긴 것이다.

▸ Rice류

- 라이스 필라우(Rice Pilaw): Long Grain 쌀에 잘게 썬 양파, 옥수수, 버터를 넣고 밥을 지은 것이다.
- 사프란 라이스(Safran Rice): Rice Pilaw에 Safran 향신료를 넣어 노란색이 나게 한다.
- 프라이드 라이스(Fried Rice): 쌀밥에 계란, 양파, 고기류, 햄, 간장(Soy Sauce) 등을 넣고 기름에 볶은 것이다.

▸ Pasta류

- 토르텔리니(Tortellini): 작은 초승달 모양으로 잘게 다진 고기류와 파르메산 치즈를 섞어 속을 채운 파스타이다.
- 라비올리(Ravioli): 베개 모양으로 시금치, 고기, 치즈 등으로 속을 채우고 포크로 눌러 만든 서양식 만두 같은 파스타이다.
- 라자냐(Lasagna): 넓적하게 만든 국수에 토마토소스, 치즈, 해산물이나 소고기를 층층으로 쌓아 오븐에 구운 것이다.

Mashed Potato

Pilaw

Ravioli

(3) 야채

주요리에 곁들여서 제공되는 더운 야채를 의미하며, 비타민, 무기질 등의 영양을 더하고 다양한 컬러로 시각적으로 풍미를 더한다. 당근, 브로콜리, 아스파라거스, 아티초크(Artichoke), 미니 양배추(Brussels Sprout), 콜리플라워(Cauliflower), 서양 호박(Zucchini) 등이 주로 사용되며, 조리 시에 야채 고유의 풍미나 향이 훼손되지 않도록 해야 한다.

6) 치즈

우유나 양, 산양 등 포유류의 젖을 응축시킨 대표적인 단백질 식품으로 지방, 칼슘 등을 함유한 고영양 식품이며 소화도 잘된다. 지금까지 알려진 치즈의 종류가 2천 가지에 달하고 세계적으로 만들어지고 있는 것만도 5백여 가지에 이른다. 치즈는 프랑스어로 'Fromage'라고 하는데, 'Fromage'의 어원은 고대 그리스 시대에 치즈를 만드는 과정이 치즈를 버드

나무로 만든 바구니에 넣어 건조시킨 것에서 유래된 것으로, 그리스어로 '바구니'라는 뜻의 'Fromos'에서 나왔다. 치즈는 와인과 같이 만드는 방법, 생산지, 숙성 정도 등에 의해 각 치즈마다 맛과 향이 다르고 각기 고유의 특색을 지니고 있다.

(1) 강도에 따른 치즈의 분류

▸ 연질 치즈

연질 치즈(Soft Cheese)는 수분함량이 55~80%에 달하는 것으로 유통기한이 짧아서 신선도를 유지할 수 있도록 저온에 보관해야 한다.

연질 치즈 중 숙성시키지 않은 것은 코타지(Cottage), 리코타(Ricotta), 모차렐라(Mozzarella) 치즈 등이 있으며, 숙성시킨 치즈로는 카망베르(Camembert), 브리(Brie) 치즈 등이 있다.

▸ 반경질 치즈

반경질 치즈(Semi Hard Cheese)는 수분함량이 40~45% 내외로 수분의 함량이 적으며 응유를 익히지 않고 압착하여 만든다. 연질 치즈보다 숙성하는 기간이 길며 오래 저장할 수 있다. 종류에는 블루치즈류(고르곤졸라, 스틸턴, 블루 등), 에담(Edam) 치즈, 구다(Gouda) 치즈 등이 있다.

치즈를 즐기는 방법

- 치즈는 나무판이나 대리석으로 된 판에 제공해야 한다.
- 치즈는 단맛의 요리(디저트)가 나오기 전에 먹는다.
- 대부분의 치즈는 실온에서 먹어야 그 향과 맛을 제대로 즐길 수 있으므로, 냉장 보관한 치즈는 먹기 전에 미리 꺼내어 둔다.
- 치즈를 자를 때는 각 종류마다 맛과 향이 독특하므로 치즈 나이프를 각각 사용하여 서로의 맛과 향이 섞이지 않도록 한다.
- 치즈는 와인과 절대적 조화를 이루는 좋은 식품이므로 좋아하는 와인과 치즈를 함께 먹는다.
- 치즈와 어울리는 Accompaniments는 Celery Stick, Carrot Stick, 과일 또는 말린 과일(무화과, 살구, 대추 등), 견과류(아몬드, 호두 등), 숙성된 고기(Salami) 등이 있다.

▸ 경질 치즈

경질 치즈(Hard Cheese)는 알프스와 같은 산악지역에 사는 사람들이 겨울을 나기 위해 저장하던 방법이 전해지며 만들어진 치즈이며, 세균에 의한 숙성 치즈로 수분함량이 30~40% 내외이다. 종류에는 파르메산(Parmesan), 그뤼에르(Gruyere), 체다(Cheddar), 에멘탈(Emmental) 치즈 등이 있다.

(2) 대표적인 치즈의 종류와 그 특징

치즈 이름	맛과 향	특징
카망베르(Camembert)	부드러운 맛	내부는 노란빛의 크림이며 외부는 단백질의 흰 곰팡이로 덮여 있다.
브리(Brie)	부드러운 맛	표면에 흰 곰팡이가 덮여 있다. 카망베르와 비슷하며 더 강한 맛의 치즈이다.
에멘탈(Emmental)	약간 단(Sweet) 호두 맛	스위스의 대표적인 치즈로 동전만 한 구멍(Cheese Eye)이 많이 나 있다.
그뤼에르(Gruyere)	에멘탈보다 약간 강한 맛	에멘탈과 같은 종류의 치즈로 구멍의 크기가 작다.
파르메산(Parmesan)	고소하고 약간 짠맛	주로 분말로 만들어 사용하며 샐러드, 스파게티에 많이 사용된다.
에담(Edam)	부드러운 맛이 나며 약간 짠맛	빨간 표피로 덮여 있어 '빨간 공'이라 불린다.
구다(Gouda)	에담보다 부드러운 맛	에담과 비슷한 빨간 표피로 덮여 있고 지방이 에담보다 많고 매끄러우며 탄력이 있다.
부르생(Boursin)	크림같이 부드럽고 독특한 향	70% 정도의 지방을 함유하고 있으며 파슬리나 후추를 묻히기도 한다.
체다(Cheddar)	약간 신맛이 나며 부드러움	부담 없는 맛으로 누구나 좋아하는 치즈로서 흰색과 노란색이 있다.
고르곤졸라(Gorgonzola)	코를 찌르는 강한 냄새	청록색 결이 퍼져 있는 이탈리아의 대표적인 푸른곰팡이 치즈

다양한 치즈의 종류와 어울리는 Accompaniments

7) 과일

과일(Fruits)은 우리 몸에 필요한 여러 가지 비타민, 당분, 무기질과 같은 영양분이 많이 들어 있는 대표적인 건강식품이다. 과일은 종류에 따라 각각 독특한 향기와 맛을 가지고 있다.

8) 디저트

디저트(Dessert)는 식사의 마지막 코스에서 제공되는 것으로, 시각적인 측면이 고려되어 색깔, 장식 등이 섬세하게 만들어진 요리로서 식사를 화려하게 장식해 주는 역할을 한다. 일반적으로 케이크, 아이스크림, 푸딩, 쿠키, 파이, 과일 등 단 음식(Sweet Dishes)을 디저트로 먹으며 디저트와 어울리는 디저트 와인, 브랜디, 리큐어와 커피 또는 차를 곁들인다.

디저트의 종류

- 아이스크림
- 가토(Gâteau): 과자 또는 케이크
- 파이: 타르트, 플랑(Flan)
- 젤리
- 푸딩(Pudding)
- 무스(Mousse)
- 프티 푸르(Petit Four): 초콜릿과 같은 작은 과자

다양한 디저트들

5. 서양식 아침 메뉴

서양의 아침 식사 메뉴(Breakfast Menu)는 나라마다 식문화에 따라 차이가 있다. 예를 들면, 프랑스에서는 간단하게 카페오레와 빵을, 그리고 미국에서는 과일주스로 시작하여 그릴(Grill) 요리까지 먹는다.

1) 서양식 아침 메뉴 패턴

서양식 아침 식사 메뉴는 일반적으로 Continental Breakfast와 American Breakfast로 나눌 수 있다.

(1) Continental Breakfast

영국을 제외한 유럽식 아침 식사를 말하며, 간단한 빵과 커피 등 음료만으로 이루어진 간단한 식사이다. 매우 간단한 메뉴로서 여기에 감자 요리나 계란, 소시지 등의 일품요리(A La Carte)를 추가하기도 한다.

- Breakfast Roll: 크루아상, 브리오슈(Brioche), 머핀, 대니시 페이스트리, 토스트, 베이글 등
- 음료: 커피, 차, 우유, 주스 등

Continental Breakfast

- 주스 선택
- 빵 선택: 대니시 페이스트리, 크루아상, 토스트, 머핀 중 선택
- 잼과 버터
- 음료 선택: 커피, 홍차 혹은 우유 중 선택

Continental Breakfast

(2) American Breakfast

미국식 아침 식사로 Continental Breakfast에 비해 가지 수가 많으며, 계란 요리 등 따뜻한 음식이 제공되는 특징이 있다. 과일주스로 시작하여 시리얼류, 아침 식사용 빵과 잼, 계란 요리, 커피 또는 차, 우유 등으로 구성되어 있다.

American Breakfast

- 주스 선택
- 햄, 베이컨 혹은 소시지 중 선택과 원하는 형태의 계란 두 개
- 빵 선택
- 잼과 버터
- 음료 선택: 커피, 홍차 혹은 우유 중 선택

2) 아침 메뉴의 종류와 특성

(1) 아침 식사용 빵

점심 식사용/저녁 식사용 빵이 입맛을 개운하게 하는 것과는 달리 아침 식사용 빵은 식사의 개념으로 먹는다. 아침 식사용 빵은 부드럽고 바삭하며 단맛이 특징으로 보통 따뜻하게 먹는다.

▸ 크루아상

대표적인 아침 식사용 빵인 크루아상(Croissant)은 불어로는 '초승달'이란 의미이다. 버터를 넣고 접으면서 밀어서 켜켜이 층을 만들어 파이처럼 여러 겹으로 되어 있어 바삭하지만, 버

크루아상

브리오슈

머핀

대니시 페이스트리

터의 풍미가 느껴지면서도 폭신폭신한 식감과 담백한 맛이 특징이다.

▸ 브리오슈

프랑스에서 15세기부터 즐겨 먹은 브리오슈(Brioche)는 빵과 과자의 중간 형태로서 계란과 버터를 많이 넣어 고소하고 씹는 느낌이 부드러운 빵이다. 둥근 공 모양의 빵 위에 다시 작은 공 모양의 빵을 얹어 놓은 모양의 빵이다.

▸ 머핀

머핀(Muffin)은 밀가루, 설탕, 마가린, 소금, 계란, 우유 등을 반죽하여 홈이 파인 머핀 팬(Muffin Pan)에 구운 빵이다. 우리나라에서는 컵케이크라고 부르기도 한다.

▸ 대니시 페이스트리

대니시 페이스트리(Danish Pastry)는 밀가루, 우유, 계란과 다량의 버터를 섞은 반죽에 과일, 잼 등의 속 재료를 채워 얇게 밀고 여러 번 접어서 겹을 만들어 구운 페이스트리로 덴마크의 대표적이 빵이다. 맛이 고소하고 식감이 촉촉하다.

(2) 과일 주스

아침 식사에 먹는 과일주스는 여러 가지가 있으나, 주로 오렌지, 사과, 자몽, 토마토 등을 직접 갈아 신선한 상태로 마신다.

(3) 과일

과일은 아침 식사에서는 전채의 의미로 먹으며, 신선한 제철 과일이나 통조림으로 가공된 과일이 있다.

(4) 시리얼과 요거트

▶ 시리얼(Cereal)

곡물을 튀기거나 가공한 것으로 우유, 설탕 등과 함께 먹으며, 과일, 건포도 등을 올려 함께 먹는다. 이때 저지방 우유 또는 보통 우유를 선택할 수 있다.

▶ 요거트(Yogurt)

우유에 유산균을 넣어 걸쭉하게 응고시킨 반유동식으로서, 질감이 부드러우며 젖산이 들어 있어 약간 신맛이 특징이다. 다양한 맛을 내기 위해 과일, 향료, 당분 등이 첨가되기도 한다. 요거트는 그냥 먹거나 과일이나 견과류를 넣어 먹는다.

(5) 주요리

아침 식사의 주요리는 주로 계란이 사용되며, 계란과 잘 어울리는 Mixed Grill과 Starch, 야채가 함께 곁들여진다.

▶ 계란 요리

- 오믈렛(Omelette): 계란을 우유와 생크림을 넣고 휘저어 프라이팬에서 얇고 편편하게 익히면서 재료의 혼합물을 넣고 말아서 요리한 형태로, 첨가물 없이 계란만 말아서 만든 것을 플레인 오믈렛(Plain Omelette)이라 하며, 햄, 베이컨, 버섯, 치즈, 양파 등의 다른 재료가 들어가면 그 재료에 따라 오믈렛의 명칭이 달라진다. 오믈렛 위에 치즈나 과일 등 여러 가지 재료를 Garnish로 올려 먹을 수 있다.
- 스크램블드에그(Scrambled Egg): 계란, 우유, 버터를 넣어 익히면서 휘저어 만든 계란 요리이다. 몽글 몽글한 모양으로 식감이 부드럽다. 먹는 사람의 기호에 따라 안초비(Anchovy), 치즈, 감자, 양파, 버섯, 새우 등을 넣어 만들어 먹기도 한다.
- 프라이드 에그(Fried Egg): 단순한 재료에 간단한 조리법으로 아침 식사에 많이 사용되는 요리이며, 익히는 정도에 따라 다음과 같이 나눌 수 있다.
  - Sunny Side Up: 계란의 한 면만 익힌 것인데, 노른자는 익히지 않고 흰자만 익힌다. 모양이 노른자가 해 뜨는 모습을 연상하게 해서 붙여진 이름이다.
  - Over Easy: Sunny Side Up을 노른자가 터지지 않게 뒤집어 흰자의 양면을 익힌 것으로 노른자는 익히지 않은 상태를 말한다.
  - Over Well Done: 계란 흰자의 양면을 익히고 노른자는 터지지 않게 익힌 것을 말한다.
  - Over Hard: 계란 흰자의 양면과 노른자를 터뜨려 완전히 익힌 상태를 말한다.

- 수란(Poached Egg): 소량의 소금과 식초를 넣은 끓는 물에 계란을 깨서 익힌 요리로 고객의 기호에 따라 연숙, 반숙, 완숙 등으로 제공한다.
- 삶은 계란(Boiled Egg): 계란을 깨지 않고 끓는 물에 원하는 시간만큼 익혀서 먹는데, 이러한 계란 요리는 끓는 물에서 꺼내어 바로 찬물에 식혀서 먹는다. 종류로는 연숙(Soft Boiled Egg), 반숙(Medium Egg), 완숙(Hard Boiled Egg) 등이 있다.

오믈렛

스크램블드에그

수란

종류	삶는 시간
연숙	3~4분
반숙	5~6분
완숙	10~15분

표 I 삶은 계란의 종류와 삶는 시간

▶ Mixed Grill

작은 것에서 중간 크기의 여러 가지 종류의 육류나 소시지 등을 구운 것을 말한다.

- 돼지고기류: 햄, 베이컨, 소시지
- Minute Steak: Rib Loin 또는 Sirloin을 작게 자른 소형 스테이크로 신속히 조리할 수 있어서 'Minute'이란 말이 붙여졌다.

▶ Starch

대표적으로 감자로 요리한 해시드 브라운(Hashed Brown)이 있고, 고구마(Sweet Potato)를 재료로 쓰기도 한다.

▶ 야채

토마토, 버섯, 피망 등

Mixed Grill

해시드 브라운

아침 식사용 야채 요리

3) 기타 아침 메뉴

(1) 프렌치토스트

프렌치토스트(French Toast)를 일명 'German Toast'라고도 하며 식빵을 2~2.5cm 정도 두께로 잘라 생계란, 우유, 설탕 등을 혼합한 것에 담갔다가 양면을 노릇노릇하게 익힌 것으로 각종 시럽, 꿀, 버터 등을 곁들여 먹는다. 좋아하는 계절 과일을 올려 먹기도 한다.

프랜치토스트

(2) 팬케이크

팬케이크(Pan Cake)는 밀가루, 계란, 우유를 혼합하여 프라이팬에 얇게 부친 것으로 시럽, 꿀, 휘프트 버터(Whipped Butter) 등을 곁들여 먹는다.

팬케이크

(3) 와플

와플(Waffle)은 계란과 우유를 혼합한 것에 밀가루를 부드럽게 풀어 원형의 격자무늬가 있는 와플 틀에 구운 것으로, 취향에 따라 잼, 시럽, 꿀, 휘프트 버터, 아이스크림, 과일 등을 곁들여 먹는다.

와플

CHAPTER

5

항공안전업무의 이해

01

비상 및 보안 장비

항공기 내에는 비상상황에 대비하여 비상 및 보안 장비가 구비되어 있으며, 크게 6가지로 분류하면 다음과 같다.

- 항공기 탈출구(Emergency Exits)
- 산소 공급 장비(Oxygen Supply System)
- 화재 예방 및 진압 장비(Fire Fighting Equipment)
- 비상 탈출 및 비상 착수 장비(Emergency Ditching & Ground Evacuation Equipment)
- 구급 장비(First Aid Equipment)
- 추가 장비(Additional Emergency Equipment)

5장에서는 기내 비상상황 및 비상 탈출과 관련된 비상 및 보안 장비의 내용과 그 사용법에 대해서 알아보기로 한다.

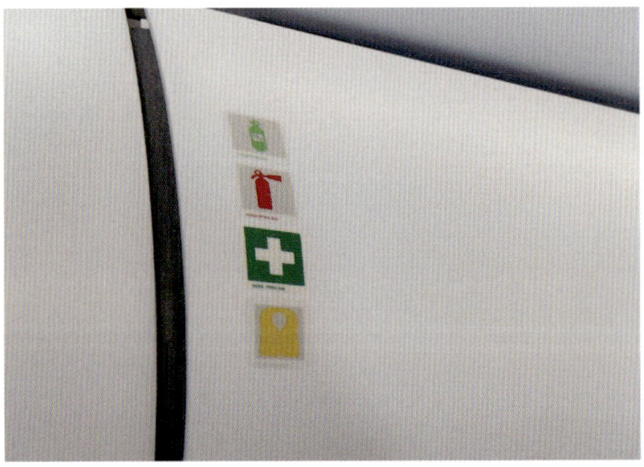

1. 산소 공급 장비

운항 중인 항공기의 비행고도는 일반적으로 35,000ft 이상이나, 항공기에는 여압장치가 있어 기내 고도를 최대 8,000ft를 유지할 수 있도록 하고 있다. 그러나 비행 중 여압장치의 고장이나 기체 파손 등으로 객실 감압이 발생할 경우, 객실에 산소를 공급하는 시스템이 필요하다.

항공기에는 이러한 상황을 대비하여 2가지의 산소 공급 시스템을 갖추고 있다. Chemically Generated Oxygen System, 그리고 휴대용으로 구성된 산소통이 준비되어 있다.

1) Chemically Generated Oxygen System

이 시스템은 화학반응식 산소 공급 방식을 말하며 조종실에서 스위치를 누르거나, 기내 고도가 14,000ft에 도달하게 되면 자동으로 산소마스크가 내려와서 산소가 공급되는 방식이다. 마스크를 코와 입 쪽으로 당김으로써 마스크에 연결된 천장 내부의 Generator 핀이 빠지면서 화학반응이 일어나 산소가 12~15분간 공급된다. 이 시스템은 한번 공급되면 임의로 차단할 수 없다는 특징이 있다.

2) O_2 Bottle

O_2 Bottle은 산소통과 산소마스크가 한 세트로 비상구 주변에 탑재되어 있으며, 비상시에 사용을 목적으로 승객 또는 승무원에게 산소를 공급하기 위한 장비이다.

비상시에 승무원이 사용하는 경우에는 O_2 Bottle을 어깨에 사선으로 메고 승객들의 대처 및 탈출을 돕는다.

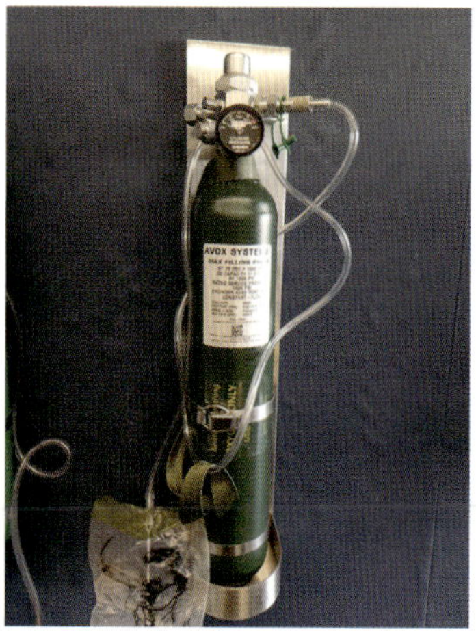

O_2 Bottle | aapsky/Shutterstock.com(우)

2. 화재 예방 및 진압 장비

1) H_2O 소화기

의류나 종이 등에서 발생한 화재를 진압하기 위한 소화기로서 압축된 물이 들어 있다. 흔히 물 소화기라고 하며, 보통 Class A 화재, 즉 의류나 종이 등에서 발생한 일반적인 화재를 진압하기 위해서 사용한다(전기 및 기타 화학 물질로 인한 화재 시에는 사용할 수 없다).

스프레이처럼 소화기 내에 노즐이 수직으로 세워져 있어서 비스듬히 사용하면 어느 정도 사용한 후 내용물이 올라오지 않기 때문에 반드시 수직으로 세워서 사용한다.

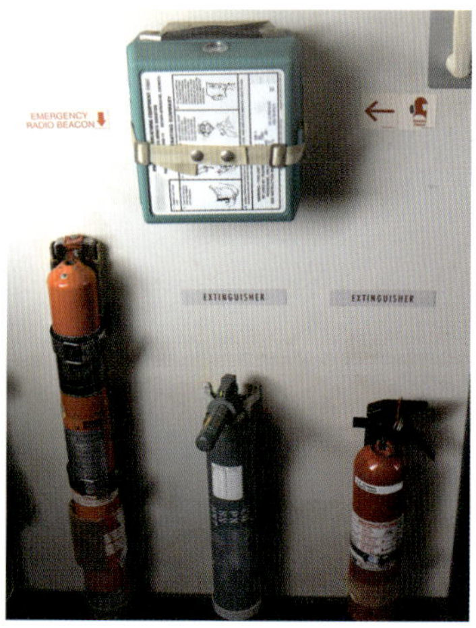

H_2O 소화기

2) Halon 소화기

Halon 소화기는 모든 종류의 화재를 진압하기 위한 소화기로, 일반적으로 가정 및 학교 등에 비치하고 있는 소화기다. 사용 방법은 소화기를 수직으로 세우고, 안전핀을 뽑은 후 레버를 눌러서 분사한다. 사용할 때는 약 10~15초 정도로 나누어 분사한다. 계속 사용할 때에는 압력이 너무 강하게 분사되어 소화액이 불길을 오히려 번지게 하여 화재가 번질 우려가 있으므로 적당한 거리(1.2~1.8m)를 두고 화재 발생 방향을 조준하여 분사해야 한다. 진압 후에는 화재가 완전히 꺼졌는지 재확인이 필요하다.

Halon 소화기

3) PBE(Protective Breathing Equipment)

이 장비는 객실승무원이 화재를 진압할 때 시야 확보, 산소 공급 및 의사소통을 원활하게 하기 위한 화재 진압 장비이다. 약 15분간 사용할 수 있고, 진공포장이 파손된 경우 사용 시간이 급격히 줄어든다.

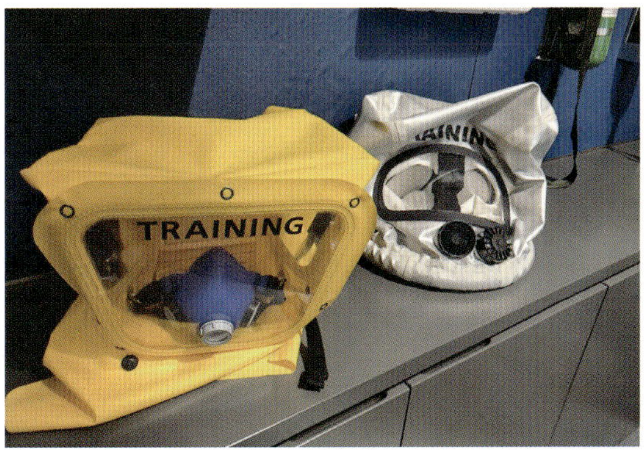

PBE | Purd77/Shutterstock.com(좌)

Smoke Detector | saruntorn chotchitima/Shutterstock.com

4) 화장실 내에 있는 화재 예방 장비

화장실은 화재가 발생하기 쉬우므로, 이를 예방하고 조치하기 위한 네 가지 장치가 장착되어 있다.

- Smoke Detector: 화장실 천장에 연기를 감지할 수 있는 센서가 있어 연기를 감지할 경우 초록색 불이 꺼지고 빨간색 불이 들어오며 '삐~~' 하는 소리가 크게 울리며 화재를 경고한다.
- Heat Activated Halon Extinguisher: 쓰레기통 옆(상단)에 부착되어 있으며 쓰레기통의 내부 온도가 80도 이상이면 되면 노즐 끝이 녹으면서 자동 분사된다. 노즐 2개가 모두 쓰레기통으로 향해 있어 기내 화장실에서 흡연 후 쓰레기통에 덜 꺼진 담배꽁초를 버려 화재가 발생하는 경우에 사용된다.
- Temperature Indicator: 쓰레기통 내부의 온도를 감지하는 장비이다. 이 온도감지기는 은색 동그라미가 4개인 일종의 스티커로 쓰레기통 내부에 온도가 올라가 섭씨 80도 이상이 되면 하나씩 검정으로 변한다. 이것을 보고 화장실 내 Fire Extinguisher의 사용 여부를 판단할 수 있다.
- Trash Bin Hatch: 화장실 내 쓰레기통의 뚜껑은 스프링이 달려 있어서 사용할 때 자동으로 뚜껑이 닫히게 되어 있다. 쓰레기통 내 화재가 발생했을 때 뚜껑이 안 닫히면 산소가 들어가서 화재가 더 커질 수 있으므로 이를 방지하고, 쓰레기통 속의 유해가스가 밖으로 나오는 것도 방지할 수 있다.

3. 비상 탈출 및 비상 착수 장비

비상 탈출 및 비상 착수를 해야 하는 경우, 기내에는 승무원이 승객들의 탈출을 신속하고 원활하게 도울 수 있는 장비와 구조 요청을 위한 장비가 탑재되어 있다. 이들 장비의 종류와 내용을 살펴보면 다음과 같다.

1) 비상등

항공기 내에는 비상 탈출을 할 때 시야를 확보하고 비상 탈출 경로 및 비상구를 쉽게 확인할 수 있도록 비상 탈출구(Exit Door), 통로, 객실 내외 벽에 비상등(Emergency Light)이 갖추어져 있다. 비상상황이 발생하여 기내에 전원 공급이 중단되면 자동으로 비상등이 점등된다.

2) 메가폰과 플래시 라이트

메가폰(Megaphone)은 비상 탈출 시 승객탈출을 지휘하거나 기타 안내를 할 때 사용하는 장비이며, 플래시 라이트(Flash Light)는 비상 탈출을 위해 승객들을 비상구로 유도하거나 신호용으로 사용한다. 승무원은 기내 탑승 후 비행 전 준비를 할 때 메가폰의 작동 여부와 플래시 라이트의 충전 여부를 확인해야 한다.

3) ELT(Emergency Locator Transmitter)

구조요청을 위한 전파를 발신하는 장비로 조난 시 비상 위치를 알릴 수 있도록 조난신호를 발생하는 무선설비이다.

ELT는 전원을 공급받으면 최소 48시간 이상 전파가 발생하여 위치를 알려주며, ELT의 안테나를 펴고 염분이 든 물을 받아 꽂아두면 전파를 발생한다. 전파가 잘 전파되도록 전파를 막지 않는 높은 곳, 넓은 곳에서 사용하는 것이 효과적이다.

- 해상에서의 사용: Lanyard를 풀어 구명정(Slide Raft)에 묶고 바다에 던지면 Water Soluble Tape가 녹아서 안테나가 자동으로 선다.
- 육상에서의 사용: Water Soluble Tape를 풀어 안테나를 먼저 세우고 하단부에 장착된 비닐봉지(Liquid Container)를 분리해서 물이나 주스 등을 본체 가운데에 있는 센서가 완전히 잠길 정도로 담고, 물과 소금의 여유가 있는 경우에는 12~24시간에 한 번씩 소금 용제를 교체한다.

4) 구명복

구명복은 비상 착수 시 착용함으로써 승객들이 수면에 떠 있게 하여 구조를 원활히 하기 위한 장비이다. 구명복에는 바다에 들어가 물이 닿으면 빛이 나는 Sea Light가 있다. 이는 바다에 입수한 후에 자동으로 작동하여 야간에 수면에 있을 경우에도 구조가 가능하게 하기 위한 장치이다.

구명복은 부풀리면 부피가 커져 항공기 탈출에 방해가 되므로, 항공기 내에서 미리 부풀리지 말고, 탈출 직전 항공기 문 앞쪽에서 부풀려야 한다. 어린이의 경우는 한쪽만 부풀리고 유아의 경우는 겨드랑이(튜브처럼 사용한다)까지 입혀 사용하면 된다.

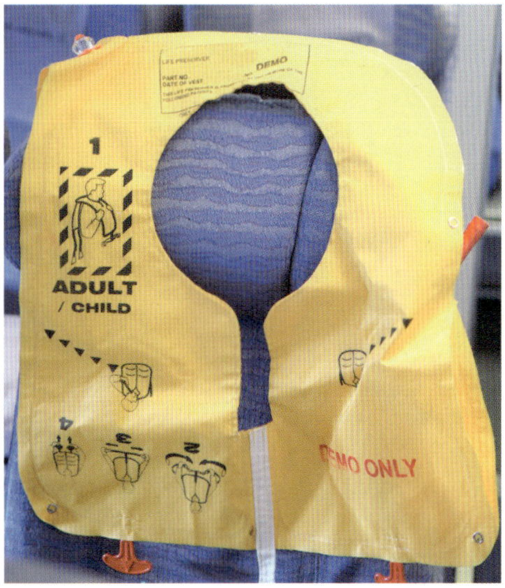

1981 Rustic Studio kan/Shutterstock.com

02
기내 비상상황 대처 및 절차

항공안전에서 비상상황은 운항 중인 항공기의 정상 운항이 불가한 상황에서 항공기를 긴급 착륙시키고 탑승객을 항공기로부터 탈출시켜야 하는 상황을 말한다. 항공기 비상상황의 유형은 다음과 같이 크게 정상 운항의 장애 요인에 따른 유형과 비상 착륙의 여건에 따른 유형으로 나누어진다.

정상 운항의 장애 요인에 따른 유형	비상 착륙의 여건에 따른 유형
기내 화재 객실 감압 기체 요동 환자 발생 기타 비정상 상황	비상 착륙 비상 착수

표 | 항공기 비상상황의 유형

1. 객실 감압

대형 항공기의 순항고도는 평균 33,000ft 이상으로 인간이 별도의 장비 없이 생존할 수 있는 한계 고도인 14,000ft를 초과하여 운항하고 있다. 이러한 기압의 차이를 극복하기 위해 항공기에서는 여압장치를 이용하여 고도를 최대 8,000ft를 유지할 수 있도록 하고 있다. 따라서 비행 중인 항공기에서는 실제 비행고도와 기내 고도 간에 차이가 발생하게 된다.

객실 감압(Cabin Decompression)이란 비행 중 여압장치의 고장, 기체 파손, 도어 잠금 상태의 불완전 등으로 인해 객실 내 공기압과 항공기 외부의 공기압이 평형상태를 유지하려는 현상을 말한다. 즉, 항공기가 고공으로 비행하는 도중에 기내로 산소를 공급하는 여압장치가 고장 나거나 일부분이 파손되었을 경우 기내 압력이 급격히 떨어지는 현상을 객실 감압이라고 한다.

기내 감압이 시작되면 저산소증(Hypoxia)과 감압증(Decompression)이 나타난다. 완만한 감압 시에는 이통을 느끼며, 급감압 시에는 부비강 통증, 호흡곤란, 구토, 이통, 현기증, 피부 가려움증 등이 나타나며 시간이 지나면 의식을 상실하게 된다.

1) 감압의 종류

(1) 완만한 감압

완만한 감압[Slow(Insidious) Decompression]은 비행 중 기내 압력이 서서히 빠져나가는 현상으로, 도어나 창 주위의 이음새를 통해 기내 압력이 빠져나감으로써 발생하거나 기내 여압장치의 고장으로도 발생할 수 있다.

여압장치 고장이나 도어가 완벽하게 닫히지 않아서 발생하며, 고도가 천천히 상승하여 아무런 느낌이 없거나 이통이 발생한다.

(2) 급격한 감압

급격한 감압(Rapid Decompression)은 비행 중 기내 압력이 빠른 시간 내에 떨어지는 현상으로 항공기 외벽의 손상, 폭발물의 폭발, 화기의 발사 등으로 인해 발생하며, 심각한 경우 '폭발적인 감압' 형태로 나타날 수 있다. 기체가 파손되었거나 기계적 장애로 인하여 기내 압력이 급격히 떨어지는 경우를 말한다. 큰 소음이 들리고 안개가 형성되며 추위를 느끼게 된다. 또한, 물건이 날아다니고 승객 및 물건이 밖으로 빨려 나간다.

2) 감압 발생 시 현상 및 대처 방법

기내에 감압이 발생하게 되면 산소마스크가 자동으로 내려오고, 금연 표시 및 좌석벨트 착용 표시등이 켜지며 감압 방송이 나온다.

이때 완만한 감압일 경우에는 이통이 있으며 작은 소리와 함께 도어 및 창 외부에서 빛이 들어온다.

그러나 급격한 감압일 경우에는 객실 온도가 급격히 하강하고 차가운 바람이 유입되며 굉음과 함께 파편 조각이 날아드는 현상이 있다. 그리고 귀가 막혔다 뚫렸다 한다.

이러한 감압 현상이 나타난다면 사무장은 기장과 연락하여 기체의 파손 여부 및 파손 정도, 승객의 피해 여부, 비상 착륙 준비 상황 및 준비 시간 등의 상황을 보고해야 한다. 또한, 객실사무장은 승무원들에게 필요한 정보를 전달한다.

객실승무원은 필요시 Oxygen Bottle을 착용하고 승객들의 산소마스크 착용을 돕거나 산소마스크가 떨어지지 않은 좌석의 경우 마스크를 수동으로 내려 승객들이 산소마스크를 쓸 수 있도록 도와야 한다. 이때 산소마스크는 보호자가 먼저 착용하고 어린이를 착용하도록 하고, 좌석 수 대비 모자라는 산소마스크는 앞뒤 열의 남는 산소마스크를 당겨서 착용할 수 있도록 한다. 세 좌석으로 구성된 좌석 배열에서 산소마스크는 좌석을 점유하지 않은 유아를 위하여 4개의 산소마스크가 세팅되어 있어 혹시 산소마스크가 다 내려오지 않는다든지 숫자가 모자랄 때 앞뒤 열의 산소마스크를 잡아당겨 사용할 수 있다.

2. 기내 화재

항공기의 제한된 객실에서의 화재는 연기 및 유독가스로 인하여 큰 인명피해로 이어진다. 항공기 내에 밀폐된 공간에는 가연성 물질이 많고, 갤리에는 전기 오븐 등 전기를 사용하는 장비들이 장착되어 있어 늘 화재의 위험에 노출되어 있다. 그러므로 이에 대한 예방 및 신속한 처치가 큰 인명피해를 최소화할 수 있다.

객실의 연기 발생 및 화재 발생 시, 객실 간 그리고 객실과 운항승무원 상호 간의 원활한 커뮤니케이션 및 협조가 필요하며 신속한 대처가 필요하다.

1) 연기 및 화재에 대한 객실승무원의 조치

연기 및 화재가 발생하였을 때는 제일 먼저 연기 및 화재 상황을 기장에게 알린다. 한 명의 객실승무원은 조종실의 기장과 연락을 계속 유지하며 화재에 대한 정보, 즉 화재 발생 현장의 정확한 위치, 특성, 색깔, 냄새 등의 상황을 알려야 한다. 또 다른 승무원은 PBE

BkkPixel/Shutterstock.com

(Protective Breathing Equipment) 및 방화 장갑 착용하고(Fire Fighting Suit가 준비되어 있는 기종의 경우 Suit를 착용한다), 연기 및 화재 진원지를 찾아 화재의 성격에 맞는 소화기 사용하여 화재 진압한다. 화재의 발원지에 정확하게 소화기를 분사해야 한다.

화재가 발생하면 승객들을 진정시키고, 승객을 연기 및 화재로부터 대피시킨다. 이때 승객의 머리와 자세를 낮추고, 안면을 가능하면 젖은 천으로 가리도록 해야 하기에 필요한 경우 젖은 타월을 배포하거나 물을 적실 수 있도록 물을 제공해야 한다. O_2 Bottle 및 산소마스크는 연기로부터 보호받을 수 없으므로 사용하지 않는다. 기내 화재 이후 연기는 항공기

Ventilation System에 의해 운항 중 외부로 순환되고 있어 외부로 소량씩 환기될 수 있다.

갤리는 전기 오븐, 커피메이커 등 전기를 사용하기에 화재 위험이 크다. 전기 오븐 화재의 경우 산소를 차단하여 화재를 약화시키기 위하여 전기 오븐의 문을 닫아 놓은 상태에서 해당 오븐의 전원을 차단한다(Circuit Breaker를 뽑거나 해당 갤리 전원을 차단해야 한다). 전원을 차단한 후 PBE를 착용하고 Halon 소화기를 사용하여 화재를 진압한다.

기내 화장실에 화재가 발생하게 되면 연기를 감지한 Smoke Detector의 경보음이 울려 화장실 화재의 징후를 감지할 수 있다. 이때는 화장실 내의 승객이 있는지를 먼저 확인한다. 승객이 없는 경우, 화장실 문에 손등을 대어 화재 여부를 확인해 보아야 한다. 문이 뜨거울 경우, 문을 조금 열고 화재 정도 및 근원을 확인하거나 문을 닫아둔 상태에서 화재 진압을 위한 소화기 등 장비를 준비한다. 불길이 산소와 만나 화재가 커지는 것을 방지하기 위해 화장실 문을 조심스럽게 열어 화재를 진압해야 하며, 화재 진압 과정과 종료 후 화재 상황을 기장에게 통보해야 한다.

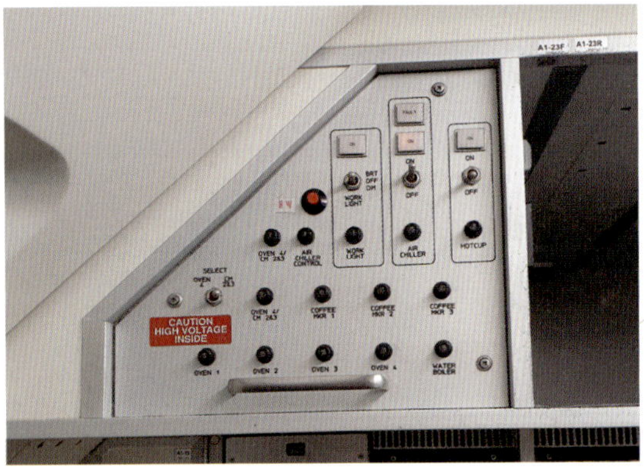

갤리 내 전기 전원

기내 화장실 내 Smoke Detector

03
비상 착륙

항공기 비상사태란 운항 중인 항공기의 정상 운항이 불가한 상황에서 항공기를 긴급 착륙시키고 승객을 항공기로부터 탈출시켜야 하는 상황을 말한다.

비상사태가 발생하게 되면 비상 착륙을 하는 환경과 여건에 따라 지상으로의 비상 착륙(Emergency Landing), 또는 호수나 강, 바다와 같은 수면으로의 비상 착수(Emergency Ditching)를 하게 된다. 따라서 객실승무원은 상황에 적합한 절차와 방법에 의거하여 승객들을 안전하고 신속하게 탈출시켜야 한다.

또한, 비상사태가 발생하면 그 정도와 상황에 따라 비상사태를 인지하고 대처할 수 있는 준비 시간의 유무에 따라 계획된 비상 탈출(Planned evacuation)과 돌발적 비상 탈출(Unplanned evacuation)로 구분한다. 이러한 비상 착륙의 유형 및 준비 여부에 따라 탈출 절차 및 방법이 달라지기 때문에 객실승무원들은 연 1회 이상 법정 교육과 안전 훈련을 통해 비상상황이 발생했을 때 적합한 조치와 방법을 취할 수 있도록 훈련받고 있다.

1. 준비된 비상 착륙 절차

비상 착륙을 준비할 시간적 여유가 있는 경우(Planned Emergency Landing)에 객실승무원은 기장의 지시에 따라 승객의 안전을 최대한 도와야 하는 의무가 있다. 항공기의 Landing Gear가 부러진 경우, 날개 또는 엔진의 이상이 감지된 경우에는 선택의 여지 없이 비상 착륙을 시도해야 한다. 이때 기장은 객실승무원에게 비상사태의 유형과 예상 시간 등을 통보하게 된다. 객실승무원들은 이 브리핑에 입각하여 피해를 최소화하기 위한 조치를 취하고 착륙해야 한다.

기장은 사무장에게 비상사태 유형(착륙·착수, 항공기상의 문제, 기상 조건 등) 비상 탈출 준비 가능 시간 등을 브리핑한다.

사무장은 객실승무원을 대상으로 준비가 가능한 시간을 고려하여 기장의 브리핑 사항을 전달하고, 잔여 시간을 고려하여 객실 준비, 승객 충격 방지 자세(Brace Position) 및 비상 탈출에 관한 안내를 실시하도록 브리핑한다.

그리고 승무원은 승객을 대상으로 기내 방송을 통해서 브리핑을 실시하고, 객실 담당 승무원들은 담당 구역 승객들을 대상으로 직접 안내한다.

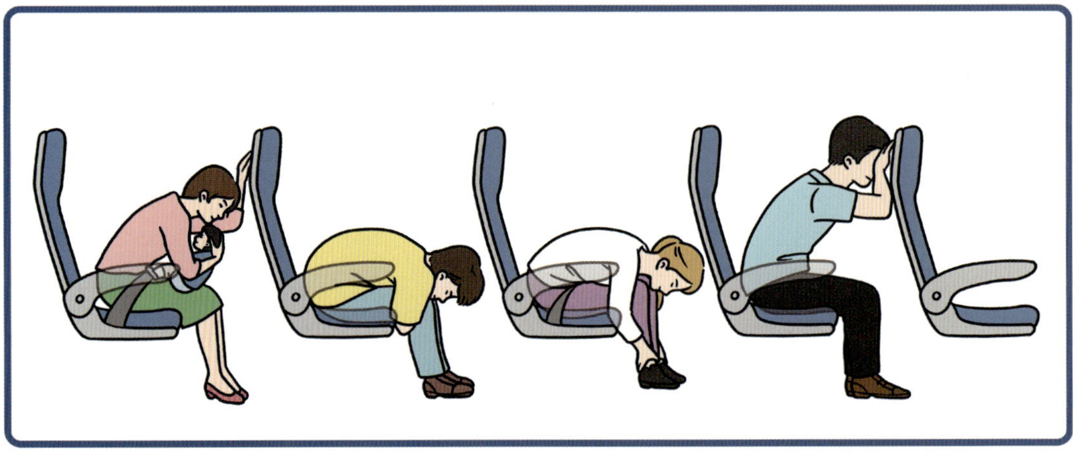

승객 충격 방지 자세

승객의 충격 방지 자세

- Bulk Head Seat, F/C, B/C 승객: 다리를 어깨너비로 하고 양 손바닥 방향을 전방으로 향하게 하여 양 발목을 잡는다.
- 일반석 승객: 양손을 교차하여 앞 좌석 Head Rest 상단을 잡고, 양팔 사이에 머리를 댄다.
- 어린이: 좌석벨트가 몸에 밀착되지 않는 어린이 승객은 베개나 대용품을 등 뒤에 넣어 주고, 착륙 직전 보호자는 어린이의 머리를 앞으로 숙이도록 한다.
- 영아: 좌석벨트는 보호자만 착용하고 보호자의 팔로 영아의 몸을 안고 보호자는 자신의 다른 팔로 머리를 감싸고 앞으로 숙인다.

객실승무원은 계획된 비상 착륙 전에 크게 두 가지 업무를 실시해야 한다.

첫째, 서비스 용품 점검 및 승객 안전 점검이다. 시설물 및 서비스 카트 고정, 승객 탈출 시 방해 요소 제거, 승객 좌석벨트 착용 상태 확인, 충격 방지 자세 안내 및 승객 좌석과 가장 가까운 비상구 위치를 알려 준다.

둘째, 비상상황에서 승무원과 함께 다른 승객의 탈출을 도와줄 협조자를 선정하여 좌석을 재배치하고, 협조자에게 임무를 구체적으로 설명하고 강조한다.

2. 돌발적 비상 탈출 절차

비상 탈출 준비를 위한 시간이 충분하지 못한 경우(Unplanned Evacuation) 객실승무원들은 아래의 사항들을 최대한 빨리 점검하여 우선순위에 따라 업무를 실시한다.

- 객실, 갤리, 화장실 내부를 확인하고 시설물 및 유동 물건 등을 고정한다.
- 승객 좌석벨트 착용 상태와 좌석 테이블 및 좌석 등받이가 원위치에 있는지 확인하는 등 승객의 안전사항을 확인한다.
- Emergency Ditching 시 Life Vest 착용 및 Raft 사용에 관해 설명한다.
- 충격 방지 자세를 안내한다.
- Evacuation Exit Door(비상 대피 탈출구) 위치를 안내한다.

04 비상 착수

비상 착수(Emergency Ditching)란 운항 중인 항공기의 엔진 고장 혹은 기내 화재 발생 등으로 인하여 항공기가 더 이상 운항하지 못하고 바다나 호수, 강 위에 긴급 착수하는 것을 말한다.

이 같은 비상 착수는 대부분의 공항이 바다 근처에 위치하여 있으며, 항공기 사고의 약 80% 이상이 이착륙하는 단계에서 발생한다는 점과 지상에서의 비상 착륙과는 달리 물이라는 특수한 환경적 요소(지상의 비상 착륙보다 수면의 비상 착수는 여러 번의 충격으로 지상보다 충격이 더 크다)로 인하여 지상의 비상 착륙보다 더 심각한 위험에 처하게 된다.

1. 비상 착수의 특성

비상 착수는 지상이 아닌 수면에 착륙하기 때문에 다음과 같은 특성이 있다.

1) 급격한 체온 저하

사람이 차가운 물에 오랜 시간 있는 경우 사망에 이르는 가장 큰 원인은 체온 저하 현상(Hypothermia, 신체 내부의 체온이 정상인의 체온인 36.5℃ 이하로 떨어져 신체 기능이 저하되는 증상) 때문이다. 수중에서 구조될 때까지 체온 저하를 막고 체온을 유지하는 것이 생존을 위해 가장 중요한 일일 것이다.

수온	의식 유지 시간	생존 시간
0℃	15분 이하	15~45분
0~5℃	15~30분	30~90분
5~10℃	30~60분	1~3시간
10~15℃	1~2시간	1~6시간
15~21℃	2~7시간	2~40시간
21~26℃	3~12시간	3시간 이상

표 | 수온과 의식 유지 시간 및 생존 시간 비례표

2) 상황 대처의 어려움

비상 착수의 경우 물이라는 환경으로 구조 활동 및 생존 활동에 방해 요소가 많다. 지상과 달리 간단한 구조 활동도 날씨, 바람, 빛 등의 환경적 요소에 의해 어려움을 겪게 된다. 미국에서 객실승무원의 비상 착수 훈련을 해본 결과, 가장 어려움을 나타내는 것이 구명보트에 캐노피(Canopy)를 설치하는 것으로 나타났다. 특히 야간에 비상 착수를 하면 구명조끼 착용과 같은 기본적인 행동에도 제약이 따르는 등 상황에 대처하는 데 있어 지상과 다르게 더 어렵다.

3) 주변 환경의 위협

비상 착수의 경우 생존자들은 구조가 될 때까지 수중 또는 물 위에서 태양열, 극심한 일교차, 거친 파도 등을 이겨내야 하기에 특별한 부유물이 없는 경우에는 익사할 경우가 더 많아진다.

4) 신속한 구조 활동의 어려움

비상 착수가 발생하면 사고 발생지와 구조를 지휘하는 본부까지의 거리, 날씨, 시간 등이 대체로 더 길어지기 때문에 구조대가 도착하기 전까지의 생존이 가장 중요하다.

2. 비상 착륙과 비상 착수의 차이

비상 착륙과 비상 착수는 다음과 같은 차이를 보인다.

1) 탈출 차림 점검

비상 착륙 시 모든 승객과 승무원은 90초 이내에 슬라이드(Slide)를 이용하여 탈출해야 한다. 슬라이드를 이용하여 탈출하는 비상 착륙의 경우에는 짧은 시간에 탈출할 수 있지만, 비상 착수 시에는 조난 시점부터 구조되는 순간까지 계속해서 구명정을 사용해야 하고, 구명정이 파손되기라도 하면 구조까지 어려움을 겪어야 하므로 가능한 한 세심하게 탈출 차림을 점검해야 한다.

슬라이드

2) 구명복 착용

비상 착수 시 승객과 승무원은 구명복을 착용해야 하며, 이때 구명복은 탈출하기 직전 문 앞에서 팽창해야 탈출하는 데 방해가 되지 않으며 신속한 탈출이 가능하다.

3) 외부 상황 파악 후 비상구 개방

항공기가 기울어 있는 상태로 비상구를 개방할 경우 항공기 내에 침수가 예상되는 경우에는 비상구 개방을 해서는 안 되므로, 비상구를 열기 전에 외부 상황을 면밀히 파악해야 한다.

CHAPTER

6

기내 응급상황 및 처치

01. 기내 응급 상황 및 기내 환경
02. 기내 응급 환자 대처 및 처리 절차
03. 상황별 응급처치 방법

01

기내 응급상황 및 기내 환경

1. 기내 응급상황 및 응급처치의 중요성

항공기 기내는 우리가 생활하는 지상의 환경과 다른 한정된 공간으로 높은 고도, 그리고 낮은 기압의 환경이다. 이러한 환경에서 많게는 500명 이상의 승객이 탑승하여 13시간 이상의 장거리 운항을 하게 되며, 이때 응급환자가 발생하는 경우가 간혹 발생한다.

우리나라 국내선의 경우, 제주 노선의 경우도 비행시간이 1시간 이내라서 응급상황이 발생하더라도 빠른 조치가 가능하다. 하지만 13시간 이상의 장거리 비행에서 응급상황이 발생하면 비상 착륙이 가능한 공항으로 이동하여 의료진에게 환자를 인계할 때까지 응급환자의 생명을 지킬 수 있도록 항공기 내에서 응급처치를 실시해야 한다.

PorqueNo Studios/Shutterstock.com

우리가 생활하는 일상에서도 응급상황에서의 골든타임이 중요하듯이 기내에서도 객실승무원들이 비행 중 지속적으로 승객 상황을 파악하여 응급상황이 발생하게 될 때 빠르게 조치할 수 있어야 한다. 이러한 응급상황에 대처하기 위해 객실승무원들은 입사 초기 안전교육 및 연 1회 이상 안전교육을 통해 지속적인 응급처치에 관한 교육을 받게 된다.

기내에 응급환자가 발생하게 되면 객실승무원들은 일차적으로 환자의 증상에 따라 기내에 비치된 비상 약품 및 의료기기를 사용하여 응급처치를 시행한다. 이때 기내에 탑재된 기내 약품을 제공할 때에는 승객이 그 약을 사용해 본 이력이 있는지와 부작용 유무를 확인하고 승객이 이를 수용할 경우에 제공한다. 또한, 즉시 기장에서 환자의 상태를 보고하고, 환자의 상황에 따라 적절한 조치를 취하고, 기내에 탑승한 승객 중 의사와 의료인의 도움을 받아 조치를 취해야 한다.

이러한 응급상황 대처에도 환자의 상황이 호전되지 않거나 심각해지는 경우에는 목적지까지의 시간을 고려하여 비상 착륙이 가능한 공항으로 선회해야 한다. 이때 환자의 상태를 기장을 통하여 지속적으로 공항 측과 공유하고 협력하여 구급차, 의료 인력 등을 배치하여 인계해야 한다.

2. 기내 환경

항공기는 보통의 경우 평균 고도 33,000~40,000ft(대기압이 0.25기압 이하)로 운항하며, 객실의 경우에는 여압장치가 작동하게 되므로 보통 고도 5,000ft(0.8기압)로 운항하게 된다. 항공기 내의 환경은 지상과 달리 고도로 인한 저기압 상태이며, 산소가 고산지대와 같이 적어 저산소증(Mild Hypoxia)을 유발할 수 있다.

또한, 기류로 인한 항공기 요동과 저습도, 소음 등으로 인해 환경적인 영향이 인체에 미칠 수 있다. 이러한 상황적 특수성으로 인해 기내 환경이 인체에 미치는 생리적 변화는 크게 저산소증, 감압증, 과호흡증 등이 나타난다. 그러므로 이러한 인체의 환경적 영향으로 인한 변화에 승무원들은 승객의 안전을 위해 주의를 기울여야 한다. 항공기는 기압, 습도, 고도, 소음, 밀폐된 공간 등 지상과는 다른 환경과 한정된 장비와 인력으로 운영되는 특징이 있다. 항공기 내는 0.8기압, 온도는 21~23℃로 지상과 흡사한 환경을 조성하고 있으나, 실제 항공기 외부의 기압과 온도는 지상과 전혀 다르다.

1) 고도

항공기는 이륙 후 순항고도까지 상승하는 데 평균 10~15분 정도 소요된다. 순항고도에 접근하게 되면 고도는 평균 33,000~40,000ft이다. 순항고도에서는 지상이 1.0기압이라면 기내는 0.8기압이다. 지상에서 머리 위로 누르는 힘이 1 정도라면 순항고도에서는 0.8 정도로 0.2기압 정도 작게 누른다고 할 수 있다. 이는 항공기 내에서는 여압장치를 통해 0.8기압으로 맞추어 지상과의 차이를 줄인 것이다. 이러한 항공기 내 기압 차이로 인해 지상보다 몸이 잘 붓는 것을 느낄 수 있다.

2) 온도

순항고도에서 항공기 외부 온도는 지상보다 65℃ 정도 낮다. 지상 기온이 25℃라면 순항고도에서는 온도가 −40℃이다. 순항고도에서는 지상과 심한 온도 차이를 보이므로, 항공기 내에서는 승객들이 가장 편안함을 느낄 수 있는 21~23℃ 정도로 유지한다. 그러나 승객별, 탑승 국가의 현재 온도에 따라 승객들이 느끼는 온도가 다르므로 상황에 맞게 온도를 조절하기도 한다. 항공기 온도 조절은 보통 항공기 내 구역별로 조정이 가능하다. 한 명의 승객의 요청에 따라 온도를 조정하지 않고, 담당 구역 승무원이 승객들의 상황에 맞추어 조정한다.

3) 습도

인간이 생활하기에 적합한 쾌적한 실내 습도는 50% 정도이다. 그러나 항공기 내 습도는 9~15% 정도로 매우 건조하다. 이는 환기를 위해 에어 서큘레이션 시스템(Air Circulation System)을 통해 외부의 공기가 지속적으로 반입이 되기 때문에 습도가 낮고 건조한 것이다. 따라서 항공기 내에는 수분 배출이 원활한 탄산음료나 알코올성 음료보다는 물을 수시로 충분히 섭취하는 것이 좋다.

4) 소음

항공기가 운항 중에는 엔진 소리, 바람 소리 등 기본 소음에 지속적으로 노출되어 있다. 이러한 소음을 최소화하기 위해 방음장치, 소음 감소 장치 등을 사용하여 객실 내에 직접 전달되는 것을 최소화하고 있으나 지상과 같이 완벽할 수가 없다. 군용 수송기는 승객 이동이 아닌 화물을 이동하기에 방음장치, 소음 감소 장치가 없어 날카로운 쇳소리와 비슷한 소리가 높은 데시벨로 나기 때문에 탑승 시 조종사는 소음이 덜 들리는 헤드폰을 착용해야 한다.

02

기내 응급환자 대처 및 처리 절차

1. 기내 응급처치 처리 절차 및 행동원칙

기내 환자란 '질병, 노쇠, 장애 등 일상적인 활동을 스스로 할 수 없어서 다른 사람의 도움이 필요하거나 예기치 않게 상태 악화로 응급처치를 받을 가능성이 있는 승객'을 의미한다.

비행 전 환자는 항공 여행에 대한 건강상 문제점을 의사로부터 점검받아야 하며, 또한 항공사 의무부서의 비행 적합/부적합에 대한 판단 절차를 거쳐야 비행 중 예기치 못한 비상 착륙, 환자의 중도 하기, 환자의 기내 사망을 예방할 수 있다. 기내에 환자가 발생했을 때의 기본적인 행동 원칙은 다음과 같다.

기내에 환자가 발생했을 때 승무원들은 동시다발적으로 각각의 임무를 수행하도록 되어 있다. 환자 주변에서 응급처치를 실시하는 승무원, 의료인을 찾는 승무원, 의료장비를 가져

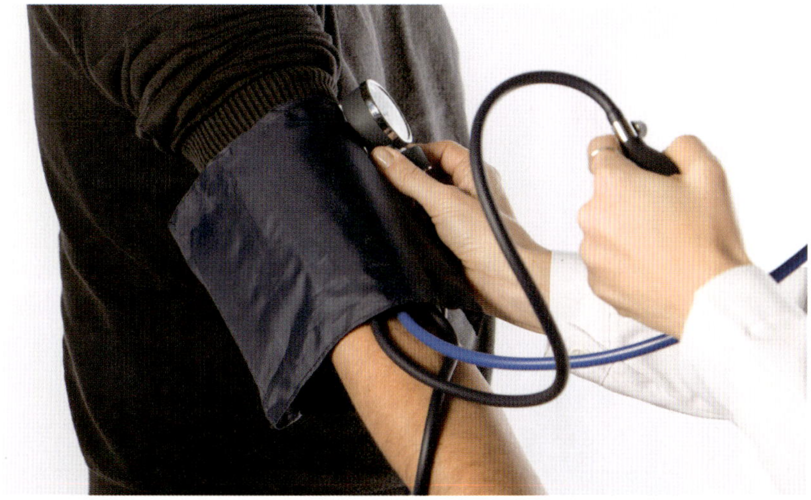

기내 환자 발생 시 행동 원칙

- 응급상황을 관찰하고, 생명을 위협하는 문제를 해결한다.
- 상황에 대한 모든 책임을 지고, 수행하기 전에 전문 의료인의 도움을 요청한다.
- 환자의 곁을 떠나지 않는다.
- 즉각적으로 기장과 사무장에게 보고한다.
- 환자의 과거 병력, 복용 중인 약품을 확인하다.
- 환자, 목격자, 도움을 준 의료인의 이름과 주소를 기록한다.
- 객실승무원에 의한 수액 및 정맥, 근육, 혈관주사를 금지한다.
- 도착지 공항에서 환자를 도움을 줄 의료진에게 인계하거나 지상 직원에게 인계하기까지 환자의 곁에 머무는 것이 사무장의 책임이다.

다주는 승무원, 상황을 기록하는 승무원 등 상황이 발생하면 응급환자를 발견한 승무원이 응급처치를 하게 되어 있고, 다른 승무원이 사무장 및 선임 승무원을 통해 기장에서 환자 사실을 알리고, 의사를 찾는 방송을 실시한다.

이때 전문 의료인(의사, 한의사, 치과의사, 간호사, 조산사 등)이 탑승했을 때는 자격을 확인하는 과정이 필요하다. 이러한 상황에 다른 승무원은 의료장비를 가져다주고, 응급처치하는 승무원을 돕도록 한다. 또한, 다른 승무원은 이러한 상황을 분 단위로 기록하고, 주변 승객들의 진술서도 받는다.

한편, 상황이 진행되는 동안 Doctor Paging 방송을 듣게 된 승객들은 무슨 일인지, 상황 진행 등에 대해 궁금해할 수 있다. 구역별로 담당 승무원들은 담당 구역에 나가서 승객들이 동요하지 않도록 안내해야 한다. 기내 응급처치는 객실 내 적절한 공간을 확보하여 조치하도록 하며, 응급처치 중에 환자 주변에 다른 승객들이 모이지 않도록 한다.

기내 응급환자 대처 절차

- 응급환자 최초 발견 승무원: 응급환자 발견 시 환자 상황에 적합한 응급처치를 실시한다.
- 승무원 1: 선임 객실승무원 또는 사무장에게 보고하여 기장에게 환자 발생을 알린 후, 기내에 의사(또는 의료진)를 찾는 방송을 실시한다. 전문 의료인이 탑승했을 경우 자격을 확인한다.
- 승무원 2: 의료장비를 가져다주며, 응급처치를 시행하는 승무원을 돕는다.
- 승무원 3: 상황 시작부터 종료까지 기록을 담당한다. 의사 소견서, 응급처치 상황 시간표(분 단위로 기록한다), 주변 승객의 진술서를 작성하고 취합한다.

Doctor Paging을 하였으나 도움을 줄 수 있는 의료인이 없다면 기장과 환자 상태에 대해 협의해야 한다. 환자로 인한 운항 지속 여부는 기장이 모든 사항을 결정하게 되어 있다. 사무장은 비행 종료 후, 항공기 내에서 있었던 응급상황에 대하여 리포터를 작성하여 항공사에 제출해야 한다.

2. 응급처치 구급 장비(First Aid Equipment)

1) EMK

EMK(Emergency Medical Kit)는 항공기 좌석 251석 이상 규모의 항공기에 반드시 탑재되며(국내선과 국제선의 구분이 없다), 항공기 내 Out Bound & In Bound용으로 2개씩 탑재되어 있다. EMK는 전문 의료인이 가벼운 수술, 처지에 사용하는 장비로서 객실승무원은 사용할 수 없다. EMK를 사용한 후에는 Inflight Medical Record를 작성해야 하며, 기록 후에 1매는 Kit 내부에 남기고 나머지 2매는 회사 안전 담당자에게 제출해야 한다.

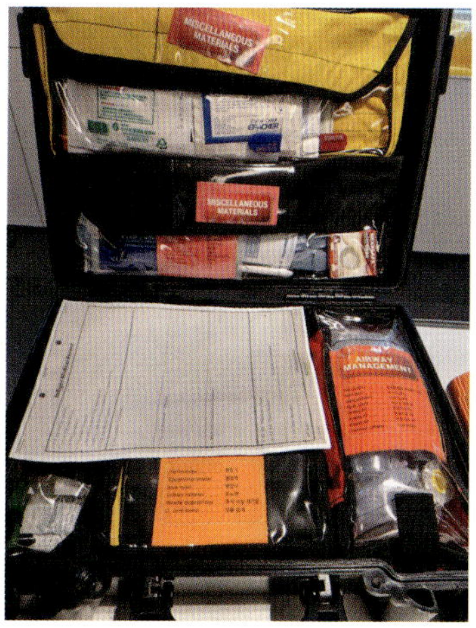

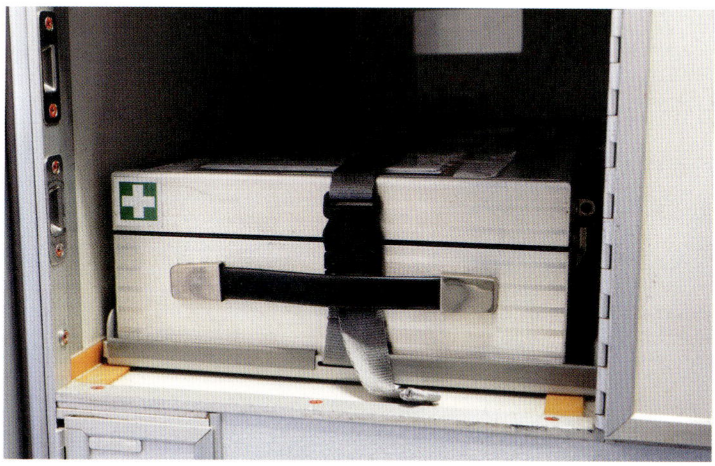

2) FAK

FAK(First Aid Kit)은 기내 환자를 위해 구비된 비상 의약품이다. FAK은 사용 전에 반드시 환자에게 약에 대한 부작용 여부를 확인하고 사용해야 하고, 사용 전에 사무장에게 보고하고 사무장은 이를 기장에게 보고해야 한다. 디곡신(Digoxin. 순환기 자극제), 나이트로글리세린(Nitroglycerine. 관상 혈관 확장제), 인공 기도 등은 의사만 사용하며, 사용 후 Inflight Medical Record를 의사가 작성해야 한다.

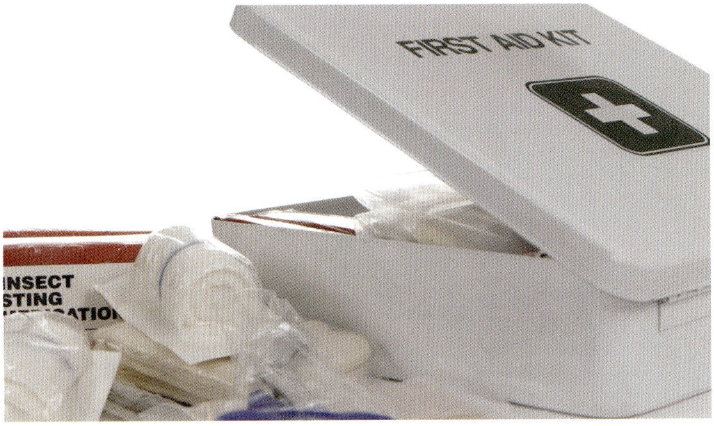

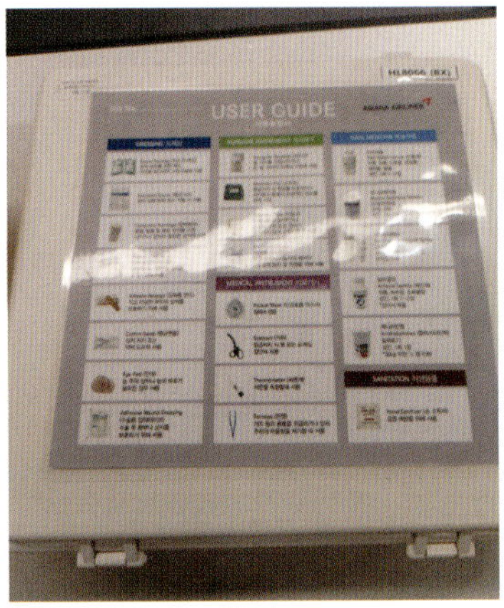

3) Pocket Mask, Glove, 체온계 탑재함

Pocket Mask, Glove는 응급환자를 위해 구조 호흡 시 객실승무원의 감염 방지를 위하여 탑재된 것으로 일회용이다. 어른은 Mask의 뾰족한 부분이 위로 오게 착용시키고 유아는 반대로 착용시킨다. 구조 호흡을 실시하게 되면 One Way 방식으로 공기가 통하기 때문에 Pocket Mask를 사용하면 환자의 호흡이 구조자에게 전달되지 않아 위생적으로 구조 호흡을 실시할 수 있다.

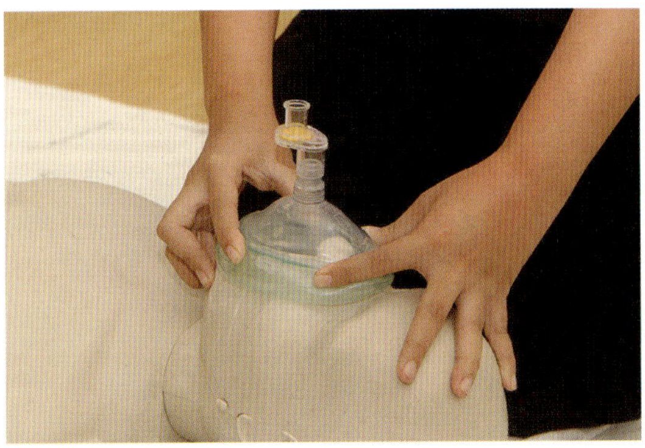

4) AED

심실 자동 제세동기로서 갑작스러운 심장 기능 이상으로 호흡, 의식, 맥박이 없는 심장 마비 환자에게 심장 기능을 소생시킬 목적으로 사용한다. AED(Automated External Defibrillator)의 기내 사용은 의사 또는 1급 응급 구조사가 탑승하여 응급처치 시 사용하게 되어 있어 의사나 1급 응급 구조사 미탑승 시에는 객실승무원의 단독 사용을 금한다. AED는 8세 이상 36kg 이상인 사람에게만 사용한다.

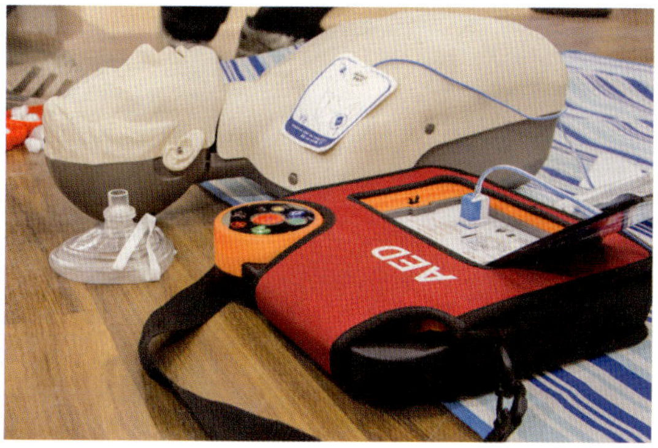

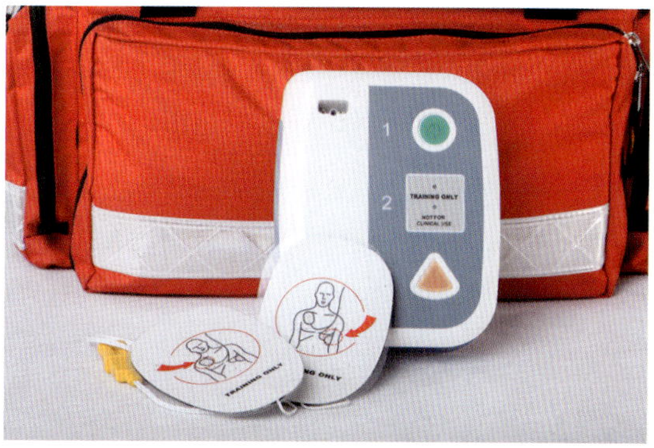

3. 응급환자 대처 방법

1) 응급환자 최초 발견 승무원의 역할

응급환자를 최초로 발견한 승무원은 환자의 상황을 파악해야 한다. 환자의 의식 및 호흡을 확인하고, 도움이 필요한지를 확인한 후 동의를 받고 환자의 병력, 질병 여부, 소지하거나 복용 중인 약에 관하여 확인해야 한다.

2) 응급처치 단계별 수행 방법

(1) 응급처치 초기 단계

환자의 위급성을 파악하기 위해서 승무원은 응급처치 초기 단계로 환자의 기도, 호흡, 심장 상태를 확인해야 한다. 응급환자 발생 시 ABC Survey 확인을 통해 적합한 응급조치가 이루어지도록 한다.

ABC Survey

- Airway: 기도가 확보되어 있는지 확인한다.
- Breathing: 호흡 여부를 확인한다.
- Circulation: 심장이 뛰고 있는지 확인한다.

(2) 응급처치 단계

응급처치 초기 단계에서 위급 상황이 아니었으나 치료가 필요하고 심각한 상황으로 발전될 수 있는 질병 및 부상이 있는 경우 이를 방지하기 위해 다음과 같은 절차를 시행해야 한다. 호흡과 의식이 없는 생명이 위독한 상태의 환자인 경우에는 CPR을 실시한다. 또한, AED를 사용해야 한다.

Secondary Survey

- 환자의 상처, 질병, 건강 상태를 계속하여 확인한다.
- 피부색 및 활력 징후(Vital sign: 맥박, 호흡, 체온, 혈압, 피부색)의 변화를 관찰해야 한다.
- 응급처치 내용을 순서대로 기록해야 한다.
- 환자 및 주변 승객과 대화를 통해 증상 및 변화 상태를 확인한다.

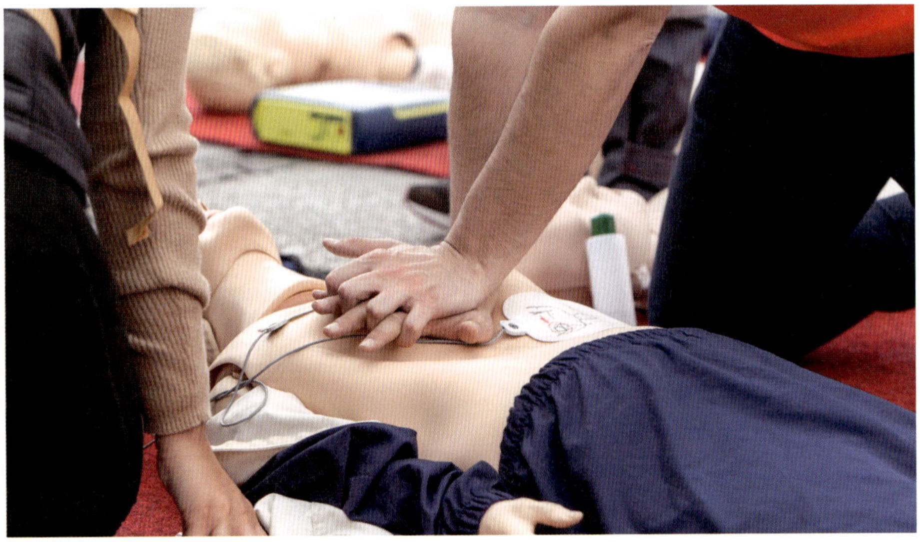

03

상황별 응급처치 방법

기내에 환자가 발생한 경우 환자의 종류에 따른 증상과 그에 따른 응급처치법을 정리하면 다음과 같다.

1. 비행 멀미	
증상	• 얼굴이 창백해짐 • 발열 및 구토
처치법	• 좌석을 뒤로 젖혀 편안한 자세를 유지하도록 함 • 찬 수건을 이마에 대어 주며, 얼음을 입안에 넣음 • Air Ventilation을 통해 찬 공기를 얼굴에 쏘임 • 필요하면, 기내 탑재된 의약품 및 Tissue 등을 제공함
2. 식중독	
증상	• 두통, 복통 및 구토/설사 • 열이 나고 두드러기가 생기기도 함 • 심한 경우 근육 경련, 의식 장애도 발생할 수 있음
처치법	• 물 또는 이온 음료 등을 제공하여 수분을 충분히 섭취하도록 함 • 두드러기가 생기는 경우에는 피부에 차가운 찜질을 할 수 있도록 함 • 심할 경우 전문 의료인에게 도움을 청하고, 다른 승객들에게도 같은 증상이 있는지 확인함
3. 음주에 의한 중독	
특이사항	• 비행 중 취기는 지상보다 훨씬 심함 • 기내에서 객실승무원이 제공한 주류만 마실 수 있음
처치법	• 의식이 있을 때, 알코올 성분이 없는 음료를 제공함 • 환자의 보온을 유지함 • 얼굴색이 회색으로 변하면 산소마스크를 제공함 • 심할 경우 환자를 회복 자세를 취함
4. 출혈	
처치법	• 깨끗한 천을 사용하여 상처 부위를 눌러 압박함 • 상처 부위를 심장보다 높이며, 지혈점을 압박함

<table>
<tr><th colspan="2">5. 코피</th></tr>
<tr><td>처치법</td><td>• 머리를 앞으로 숙인 상태로 환자를 앉히고 코뼈 바로 밑의 코를 꽉 막음(입으로 숨을 쉬게 함)
• 혈액 응고를 방해하는 말하기, 삼키기, 기침, 침 뱉기, 코를 킁킁거리기 등을 금지함
• 10분간 압박한 후 출혈 여부를 확인하고 필요하면 10분간 다시 압박함
</td></tr>
<tr><th colspan="2">6. 화상</th></tr>
<tr><td>1도 화상</td><td>• 상처 부위를 20분 정도 찬물에 담그거나 찬 찜질을 하고 깨끗하게 드레싱함</td></tr>
<tr><td>2도 화상</td><td>• 물집이 보이고 물집이 터지면 물이 흐르고 심한 통증이 있음
• 쇼크에 대비해서 처치하고 1도 화상의 응급처치를 1~2시간 동안 실시한 후 깨끗하게 드레싱함</td></tr>
<tr><td>3도 화상</td><td>• 심부 조직 손상, 까맣게 탄 피부/화상 부위가 무감각하거나 심한 통증 있음
• 쇼크에 대비해서 처치하고 두껍게 건조하게 깨끗한 드레싱을 실시하며 외부 공기 노출을 차단함
• 즉시 의료인의 도움을 요청함</td></tr>
<tr><th colspan="2">7. 심정지</th></tr>
<tr><td>증상</td><td>• 무의식/무호흡/무맥박/청색증</td></tr>
<tr><td>처치법</td><td>• 기도 개방/호흡 확인/맥박 확인
• 맥박이 있을 경우, 구조 호흡을 지속함
• 맥박 없을 경우, CPR을 실시함</td></tr>
<tr><th colspan="2">8. 간질</th></tr>
<tr><td>증상</td><td>• 근육의 강직이 동반되는 갑작스러운 의식 상실
• 강직 후 경련, 침 흘림, 배변 조절 장애</td></tr>
<tr><td>처치법</td><td>• 위험한 상태가 아니면 환자를 옮기지 말고 입에 무언가를 넣으려 하지 않음
• 경련을 강제로 제지하지 말고 다치지 않게 함
• 필요한 경우, 산소를 공급함
• 환자를 가볍게 보온해 주고 수면을 취하거나 쉬도록 해줌</td></tr>
<tr><th colspan="2">9. 당뇨</th></tr>
<tr><td>증상</td><td>• 당뇨성 혼수(고혈당)
- 호흡곤란/건조하고 따뜻한 피부/약하고 빠른 맥박/아세톤 냄새
• 인슐린 쇼크(저혈당)
- 창백하고 차고 축축한 피부/허기/어지러움/정신 혼미</td></tr>
</table>

처치법	• 근본적으로 저혈당이나 고혈당에 대한 응급처치와 동일 • 의식이 있으면, 당분이 포함된 음료를 마시게 함 • 무의식인 경우, 혀 밑에 소량의 설탕을 넣음 • 의식이 돌아오면 식사 시각, 인슐린 주사 시각 등에 대해 물어봄 • 의료인의 도움을 구함 • 환자의 상태가 좋아지면 고단백 식사를 제공함
10. 이통	
처치법	• 하품하기/침 삼키기 • 음료 제공 • 유아의 경우, 우유병이나 젖을 빨도록 함 • 비행 후에도 귀 막힘 증상이 지속되면 병원을 방문하도록 안내함 
11. 눈의 상처(먼지나 작은 벌레 등으로 인한 자극)	
처치법	• 눈을 비비지 않아야 함 • 흐르는 물이나 식염수로 충분히 씻어냄(눈꺼풀을 조심스럽게 열고 눈의 안쪽 코너에 물을 흘려야 함)
12. 실신: 뇌로 가는 혈류가 일시적으로 감소되어 오는 의식 소실	
증상	• 창백하고 축축한 피부/어지러움/구토, 손발의 저림
처치법	• 환자를 눕도록 함(불가능한 경우, 환자의 머리를 무릎 사이로 숙이게 함) • 의식이 없는 경우, 눕힌 채로 다리를 약간 올려줌 • Ammonia Inhalant를 환자의 코 밑에서 흔듦 • Air Ventilation을 열고 바람을 쐬어 줌 • 상태를 지속적으로 관찰함
13. 저산소증(Hypoxia)	
증상	• 호흡 기능 장애로 숨 쉬는 것이 곤란하여 산소의 양이 부족한 상황 • 두통, 현기증, 나른함과 기력이 없어짐 • 심장 박동이 빨라지거나 느려지는 등 불규칙함 • 오래 지속되는 경우, 얼굴과 손톱 등에 청색증 현상이 생김
처치법	• 일단 환자를 안심시키고 편안하게 해줌 • 즉시 기내에 비치된 산소통을 이용하여 산소를 공급함 • 지속적으로 관찰함

14. 과호흡(Hyperventilation)	
증상	• 호흡 횟수와 호흡량의 증가로 이산화탄소 수준이 떨어짐 • 불안, 어지러움/실신, 사지의 저림, 손발 근육의 경련, 흐릿한 시야, 균형 상실
처치법	• 환자를 안심시키고 원인을 설명하고 주의를 환기함 • 환자의 옷이나 벨트를 느슨하게 하여 편안하게 해줌 • 환자의 손을 컵 모양으로 만든 뒤, 코와 입을 막고 천천히 숨을 쉬게 함 • 환자가 근육 경련을 보이면 구토 봉지로 코와 입을 막고 숨을 쉬게 함 
15. 골절/탈구	
처치법	• 골절에 대한 처치 이전에 생명을 위협하는 급한 문제를 먼저 처치함(기도 유지, 호흡 등) • 개방성 골절일 경우, 깨끗한 드레싱을 실시함 • 부목을 대어 골절 부위의 움직임을 제한함(FAK의 부목, 담요, 잡지, 베개 등을 말아서 부목으로 사용함) • 환자를 함부로 움직이거나 이동시키지 않음
16. 쇼크(Shock)	
증상	• 차고 축축한 피부, 창백하거나 푸른(회색빛) 피부 • 기운 없음/빠르고 불규칙하고 약한 맥박/저혈압/어지러움, 의식 장애, 마비/심정지/호흡 증가(하품 혹은 헐떡거림)
처치법	• 환자를 바닥에 눕히고 옷을 느슨하게 해주며 편안한 자세를 유지해줌 • 체온 손실을 막기 위해 가볍게 보온함 • 머리를 낮추고 다리를 심장보다 약간 높여줌 • 두부, 경부 손상이 없고 기도가 잘 유지된다면 환자의 머리 쪽도 약간 올림 • 구토하는 경우 몸을 옆으로 돌려서 입안의 물질이 기도로 넘어가지 않도록 유지해 줌 • 의학적인 처치가 1시간 이상 지연될 경우 실온 정도의 물을 소량 제공함(예외: 수술이 필요한 경우/뇌, 복부 손상 환자/의식이 없거나 구토, 경련이 있는 환자) 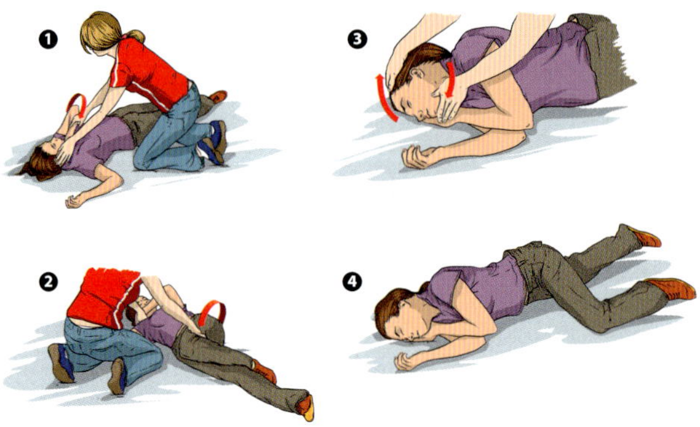

17. 뇌졸중(Stroke)	
증상	• 심한 두통, 허탈, 저림 혹은 신체 일부에 무감각 또는 마비감(안면부/사지) • 혼돈, 경련, 구토, 언어 장애/시야 장애, 비대칭 동공
처치법	• 환자의 머리, 목, 어깨를 약간 상승시킨 자세로 쉬게 함(의식이 있는 경우 옷은 느슨하게) • 소지하고 있는 치료제가 있는지 확인하고 있는 경우 복용하도록 함 • 머리를 한쪽으로 돌려 기도를 유지함 • 지나치게 따뜻하게 유지하지 않음 • 구강을 통해 아무것도 섭취하지 않게 함 • 즉각적으로 의료진의 도움을 구함 • 의식을 잃으면 호흡과 맥박을 확인하고 CPR을 실시함

CHAPTER

7

저비용 항공사와 객실 서비스

01
저비용 항공사의 개념

1. 저비용 항공사

저비용 항공사(Low Cost Carrier: LCC)는 불필요한 기내 서비스를 줄이거나 없애고, 항공기단을 단일화하여 운영 및 유지 비용의 절감을 통해 항공사 운영의 효율화 및 비용 절감을 함으로써 항공 이용객에게 낮은 운임을 제공하는 항공사를 말한다.

1967년, 미국 사우스웨스트항공(Southwest Airline) 설립으로 저비용 항공사가 본격적으로 성장하기 시작하였으며, 유럽으로 확산된 이후 현재 우리나라를 비롯한 아시아권에서도 활발하게 운항 중이다. 초창기의 저비용 항공사는 비행시간 3~4시간 이내의 단거리 노선을 중심으로 운항하였으나 점차 국제선 운항에까지 확대되었으며, 현재는 세계 전역으로 운항하고 있다. 주로 항공 수요가 적고 항공기 효율을 고려하여 대형 항공사들이 운항을 기피하는 노선에 200석 이하의 항공기를 투입하여 운항하고 있다.

국제민간항공기구인 ICAO(International Civil Aviation Organization)에서는 사업 모델의 특성에 따라 항공사 분류를 크게 기존 항공사인 FSC(Full Service Carrier)와 저비용 항공사인 LCC로 구분하고 있다.

2. 저비용 항공사의 발전

저비용 항공사의 시초는 미국의 사우스웨스트항공(Southwest Airline)으로 1967년과 1971년 6월에 보잉 737기종으로 운항을 시작하였다. 사우스웨스트항공은 기존 항공사들과는 차별화된 경영 전략을 바탕으로 저비용 항공 시장을 열었고, 현재는 미국의 4대 항공사로 발돋

분류 기준	분류명	
사업 모델 특성	Full-Service Carrier	• 전형적인 국적 항공사 또는 대형 항공사 • 전 세계적인 노선망 운영 • 항공사에서 제공할 수 있는 다양한 서비스 제공(좌석 등급, 기내식, 기내 엔터테인먼트 시스템, 면세품 판매, 특화 서비스, 라운지 제공 등)
	No-Frills Carrier	• 제한적인 기내 서비스 제공 • 비용 절감에 초점을 맞춘 항공 서비스
	Low-Cost Carrier	• 저비용 구조의 항공사로 낮은 운임을 제공하는 항공사 • 신설(독립적인) 항공사 또는 대형 항공사의 자회사

표 I ICAO의 항공사 분류

움하게 되었다.

사우스웨스트항공사는 항공 운항 빈도가 적은 작은 공항 중심의 단거리 노선을 주로 운항하고, 상위 클래스 운영 없이 좌석을 일반화하였으며, 지정 좌석 번호 없이 승객들을 선착순으로 탑승시키며, 항공기 기종을 단일화함으로써 기장, 정비사의 훈련 비용을 절감하였으며, 항공기 엔진 및 부품 등의 유지 비용을 절감하였다.

사우스웨스트항공의 창업자 허브 켈러허(Herb Kelleher) 회장은 뉴저지의 변호사로 활동하며, 롤린 킹(Rollin King)이라는 고객을 만나며 단거리 출퇴근용 항공사에 대한 이야기를 듣고 사업을 시작하였다. 사업 초기 사우스웨스트항공은 텍사스주 내의 댈러스(Dallas), 휴스턴(Houston), 샌안토니오(San Antonio)를 연결하는 노선에 주력하며 운항을 시작하였다. 댈러스의 러브필드 공항(Dallas Love Field Airport)을 운항하며 텍사스 이외의 지역으로 운항을 확대하였다. 허브 켈러허 회장은 1987년 마일리지를 제공하는 대신 탑승 횟수에

Carlos Yudica/Shutterstock.com

John Gress Media Inc/Shutterstock.com

따른 무료 항공권을 주는 Frequent Flier Program을 도입하는 등 기존 항공사와는 다른 혁신적인 마케팅 방법을 이용하였다.

이러한 차별적이고 혁신적인 항공사 운영으로 1988년 항공사 최초로 Triple Crown 상을 타게 되었다. 이 상은 정시 도착, 수화물 운송, 고객 불만 대처에 대해 평가 후 시상하는 것으로, 이후 사우스웨스트항공사는 30차례 이상 Triple Crown 상을 수상하였다.

현재는 저비용 항공사라는 용어가 익숙하고 운영 방식에 대한 이해가 높지만 사우스웨스트항공이 처음 운항을 시작할 때인 1970년대에는 매우 파격적인 운영 방식이었다. 이러한 사우스웨스트항공의 운영 방식은 저렴한 비용으로 원하는 노선을 이용할 수 있는 합리적인 항공사로 인지되며, 1975년 약 500만 명이었던 연간 탑승객 수가 1986년에는 1,300만 명으로 증가하였다. 현재 사우스웨스트항공은 1일 평균 2,700대의 항공기가 미국의 29개 주 55개 도시를 비행하며 연간 6,000만 명의 이용객이 있는 항공사로 성장하였다.

9·11테러 이후 많은 항공사가 파산, 합병 등의 어려운 경영 상황에서 30여 년 이상 흑자를 유지한 항공사는 사우스웨스트항공뿐이다. 미국에서 가장 존경받는 기업 순위 10위 안에 들며, 1972년에서 1992년까지 20년 동안 미국 주식시장에서 가장 높은 수익률을 올려 주가수익률 21,000%에 달하는 기업으로 성장하였다.

이러한 사우스웨스트항공의 운영 방식이 성공하며 다른 국가에서도 저비용 항공사가 생겨나기 시작하였다. 1991년 아일랜드의 라이언에어(Ryan Air), 1993년 말레이시아의 에어아시아(Air Asia), 1995년 영국의 이지제트(Easy Jet) 등 여러 국가의 저비용 항공사가 생겨나며 운영이 활성화되었다.

그러나 유럽의 경우 1995년에서 1996년 사이 80여 개 이상의 신규 항공사가 생기는 등 항공 시장의 르네상스 시대를 펼쳤으나, 많은 항공사가 생기며 운항 1년 만에 파산하는 항공사들이 속출하게 되었다.

Tadeas Skuhra/Shutterstock.com

Bikeworldtravel/Shutterstock.com

저비용 항공사의 시장 점유율이 높아지자 기존 항공사들이 저비용 항공사를 자회사 형태로 설립하기도 하였다. 그러나 전 세계적으로 저비용 항공사의 지속적인 설립과 경쟁 구도의 확산으로 현재는 아시아 지역에 66개, 유럽에 42개, 북미 지역에 16개, 남미 지역에 14개, 중동 및 아프리카 지역에 24개 항공사가 운항 중이다.

	한국 6개	미국 6개	중국 9개	일본 7개
운항중	제주항공 진에어 티웨이항공 이스타항공 에어부산 에어서울	사우스웨스트항공 제트블루 스피릿항공 프론티어항공 선컨트리항공 얼리전트항공	춘추항공 중국연합항공 9위안항공 베이징캐피탈항공 컬러풀구이저우항공 강서에어 럭키에어 우루무치에어 웨스트에어	일본춘추항공 AIRDO 스타플라이어 피치항공 바닐라에어 제트스타재팬 에어아시아재팬
면허 신청	에어로케이 플라이강원 에어프레미아 에어필립			

표 | 국내외 LCC 현황
출처 | 인베스트조선, 2018. 12., 저자 재작성

02

저비용 항공사의 운영 전략 및 특징

저비용 항공사의 일반적인 운영 전략과 특징을 정리하면 다음과 같다.

1. 단거리 위주의 노선 운항

일반적으로 저비용 항공사에서 운용하는 항공 기종은 단거리 비행에 적합한 200석 미만의 소형 항공기이다. 대부분의 저비용 항공사에서는 좌석 판매를 최대화하여 매출을 올리기 위한 목적으로 좌석 간의 배치를 대형 항공사보다는 좁게 설계하여 많은 좌석을 항공기에 설치하여 항공기당 생산성을 높이고 있다. 저렴한 운임의 단거리 노선의 경우 승객들은 좌석의 다소 불편함은 개의치 않기 때문에 항공기 운영에 소요되는 비용을 줄임으로써 수익을 높일 수 있다.

2. Point to Point 노선 운항

대부분의 저비용 항공사는 단거리 위주의 노선을 운항하므로 Point to Point 방식, 즉 출발지와 목적지를 직접 연결하는 노선 구조로 경유지 없이 Non-Stop으로 운항하고 있다. 이는 항공 이용객 입장에서 볼 때 비행기를 갈아탈 필요가 없으므로 편의성이 높다는 장점이 있다.

3. 제2공항 이용

저비용 항공사들은 주요 허브 공항을 이용하는 것이 아니라 제2공항(Secondary 공항)을 이용함으로써 공항 이용료를 절감하여 줄여 원가를 줄일 수 있고, 허브 공항의 혼잡성을 피할 수 있다.

공항에서 승객 탑승 및 하기, 항공기 정비 및 급유, 서비스 물품 탑재 등에 드는 시간 동안 공항에 항공기를 세워두어야 한다. 이러한 작업을 수행할 때 공항 이용료를 납부하게 되어 있어 저비용 항공사는 비용을 절감하고 시간을 최소화할 수 있는 제2공항을 이용하고 있다.

4. 기종의 단일화

민간 항공기를 제작하는 미국의 보잉사와 유럽 컨소시엄인 에어버스사는 다양한 기종의 항공기를 제작하고 있으며, 대형 항공사에서는 노선별 특성을 고려하여 여러 기종을 보유하고 운항에 투입하고 있다. 항공사에서는 기종별로 조종사를 비롯한 승무원 훈련 비용 및 정비 인력 훈련 비용이 발생하며, 승무원 운영에 유동성이 적으므로 많은 수의 인력이 필요하다. 또한, 기종별로 각종 장비와 예비 부품을 구비·유지해야 하므로 이에 따른 비용이 발생한다. 따라서 여러 종류의 기종을 보유했을 경우 기종별 비용이 상승하게 된다.

반면에 대부분의 저비용 항공사에서는 항공기 기종을 단일화하여 원가 효율화 전략을 사용하고 있으며, 결과적으로 비용을 절감할 수 있어 항공 이용객에게 저운임으로 항공 서비스 제공이 가능하다.

5. No-Frill 정책

저비용 항공사에서는 상위 클래스를 없애고 항공기 좌석을 일반석으로 단일화하고, 불필요한 기내 서비스 및 기내 엔터테인먼트 서비스를 줄이거나 없앰으로써 비용을 절감하고 있다. 또한, 저비용 항공사에서는 음료수, 간단한 스낵 및 기내식을 유료화하여 이를 통해 수입을 올리고 있으며, 좌석 등급의 단일화와 기내 서비스 축소로 대형 항공사에 비해 승무원의 수를 최소화할 수 있다.

EQRoy/Shutterstock.com

Bima Adhitya/Shutterstock.com

6. 정보통신기술 활용

1996년 사우스웨스트항공에서 처음으로 인터넷으로 좌석 예약을 할 수 있도록 한 것을 시작으로, 현재 급성장하고 있는 대부분의 저비용 항공사는 인건비를 줄이고 운영비를 절감하기 위해 IT 기술을 적극적으로 도입하여 활용하고 있다. 이로 인해 승객들은 전통적인 항공권 예약 방식에서 벗어나 모바일, 인터넷 등을 이용하여 더욱 편리하고 신속하게 항공권을 구입하고 좌석 예약을 할 수 있게 되었다. 그뿐만 아니라 공항에서의 발권도 항공사 카운터에서 줄을 서서 기다릴 필요 없이 키오스크(Kiosk)를 이용하여 간단하게 할 수 있다.

03
대한민국의 저비용 항공사

우리나라에서는 2003년 5월 19일 청주국제공항을 기반으로 한성항공이 최초의 저비용 항공사로 설립되었으며, 2020년 2월을 기준으로 제주항공을 비롯하여 9개의 저비용 항공사가 운항 중이거나 취항을 준비하고 있다. 우리나라 저비용 항공사 대부분은 지방 공항과 지역을 기반으로 운항하고 있다.

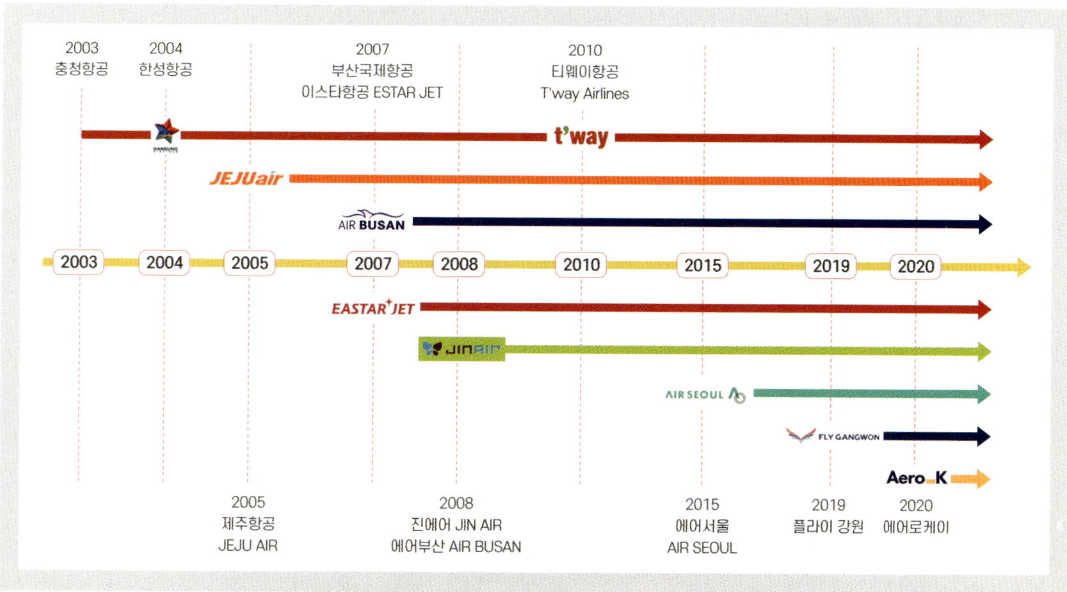

표 | 2020년 기준 운항 중인 저비용 항공사(한국공항공사 항공통계)
출처 | https://gneir.com/ 참고

구분	제주 항공	진에어	에어 부산	이스타 항공	티웨이 항공	에어 서울	플라이 강원	에어로 케이
면허일	2005년 8월 25일	2008년 4월 5일	2008년 6월 11일	2008년 8월 6일	2005년 3월 31	2015년 12월 28일	2019년 3월 5일	2019년 3월 5일
취항일	2016년 6월 5일	2008년 7월 17일	2008년 10월 27일	2009년 1월 7일	2005년 8월 31일	2016년 7월 11일	2019년 11월 22일	2021년 예정
보유 항공기	38대	26대	25대	17대	21대	7대	2대	2021년 3대 도입 예정
취항 도시	나고야, 괌 등 37개 도시	마카오 등 34개 도시	대만 등 23개 도시	간사이 등 37개 도시	나리타 등 20개 도시	씨엠립 등 11개 도시	타이베이 등 3개 도시	제주, 대만, 일본, 중국 등 취항 예정

표 | 국내 저비용 항공사 현황

1. 제주항공 JEJUair

제주항공은 2005년 설립 이후, 고객의 합리적인 항공 여행 가격 요구에 맞춰 빠른 확장을 하고 있으며, 항공 여행 대중화 실현을 목표로 이전에 시도되지 않았던 방법으로 한국을 관광 목적지로 만드는 데 이바지하며 운항하고 있다.

viper-zero/Shutterstock.com

2. 진에어

진에어는 대한항공의 자회사로 2008년에 설립되었다. 핵심적인 서비스는 세련된 감각으로 강화하고, 불필요한 서비스는 과감하게 버리고, 복잡한 절차나 규정은 심플하게 변경하고, 열정과 혁신으로 철저한 비용 절감을 통하여 매우 합리적이며 경쟁력 있는 항공 요금을 제공하는 것이 진에어가 추구하는 Fly, Better Fly의 젊은 정신이다.

KITTIKUN YOKSAP/Shutterstock.com

3. 에어부산

2008년에 설립된 에어부산은 유쾌하고 활기찬 미소로 적극적인 서비스를 제공하여 고객들께 신뢰와 항상 감사하는 마음으로 에어부산의 모든 고객을 모시겠다는 서비스 모토를 가지고 전 세계를 운항하고 있다.

Starz12/Shutterstock.com

4. 이스타항공 EASTAR JET

'동방의 별'을 의미하는 이스타항공은 2008년에 설립된 이후, 아시아를 넘어 세계 최고를 향하는 국민 항공사를 모토로 하여 최상의 비행 안전과 거품을 뺀 가격을 통해 항공 여행 대중화를 선도하고, 바쁜 일상 속에서 잊었던 추억을 찾고 꿈과 희망을 펼칠 수 있도록 돕는 사회적 책임을 다하는 국민 항공사로서 고객의 안전을 위한 투자를 바탕으로 운항하고 있다.

Denis Kabelev/Shutterstock.com

5. 티웨이항공 t'way

2005년에 설립된 티웨이항공은 최고의 안전운항 환경, 합리적인 가격, 정성스러운 서비스로 모두가 함께할 수 있는 항공사가 경영 이념이며, 첫째도 안전, 둘째도 안전! 가족같이 편안한 서비스로 화합하고 배려하는 기업 문화를 목표로 운항하고 있다.

Denis Kabelev/Shutterstock.com

6. 에어서울 AIR SEOUL

에어서울은 2016년에 설립되었으며, 소통하고 배려하는 조화로운 문화(서로를 아끼고 존중하는 아름다운 회사, 고객과 소통하는 열린 회사), 변화를 두려워하지 않는 도전적인 문화(Trend를 이해하고 변화를 주도하는 회사, 끊임없이 연구하여 Market을 선도하는 회사), 긍정의 에너지가 넘치는 창의적인 문화(젊음과 패기가 넘치는 활기찬 회사, 창의적인 아이디어를 지향하는 혁신적인 회사)의 기업 철학으로 운항하고 있다.

motive56/Shutterstock.com

7. 플라이강원 FLY GANGWON

플라이강원은 2016년에 설립되었으며, 강원도의 관광자원과 스토리를 활용하여 외국인 관광객을 강원도로 유치하는, 관광과 융합된 항공운송사업(Tourism Convergence Carrier: TCC)을 시작하였다. 안전운항에 최우선을 둔 서비스로 양양과 중국, 일본, 동남아를 연결하는 틈새 노선 운용으로 양양국제공항 활성화 및 특화된 강원도의 관광자원을 활용한 진정성 있는 관광 서비스 협력과 조화를 통해 더불어 성장하는 기업을 지향하고 있다.

ⓒ연합뉴스

8. 에어로케이 Aero K

에어로케이는 2016년에 설립하였으며, 2021년 첫 취항을 시작으로 항공 소비자 중심의 저비용 항공사를 만들 계획이다. 에어로케이는 청주공항을 중부권 거점 공항으로 발전시키고, 새 일자리 창출, 지역 인재 채용 등을 추진할 예정이다.

9. 에어프레미아 AIR PREMIA

에어프레미아는 중장거리 항공사로 인천국제공항을 허브로 하는 국내 최초의 하이브리드 서비스 항공사(Hybrid Service Carrier: HAC)이다. 기존의 저비용 항공사와는 차이가 있으나 여기에서는 국내 저비용 항공사와 함께 소개하기로 하겠다.

에어프레미아는 2017년에 설립하였으며, B787 기종을 도입하여 2021년 4월 취항을 앞두고 있다. 대형 항공사와 비교해 약 80~90% 수준으로 항공 운임을 제공할 예정이며, 프리미엄 이코노미는 이코노미의 약 140% 수준으로 제공할 계획이다.

04
저비용 항공사의 서비스

1. 저비용 항공사(LCC)의 국내선 서비스

우리나라 국내선의 경우, 비행시간의 제약으로 인해 저비용 항공사 역시 대형 항공사와 마찬가지로 음료 서비스만을 제공하며, 고객의 안전 및 응대에 관한, 이륙 전부터 착륙 후까지의 서비스는 동일하다.

1) 음료 서비스 및 리필 서비스

- 이륙 후, 좌석벨트 표시등이 꺼지면 서비스 복장을 착용하고 음료 카트(Beverage Cart)를 준비한다.
- 커피를 Brew한 후 농도를 점검한다.
- 주스와 탄산음료, 생수는 차가운 상태로 서비스가 되도록 지상에서부터 준비한다.
- Muddler Box에 설탕, 크림, 서비스 Tag, Cup Lid, 일회용 물수건, 빨대 등을 준비하고 서비스 카트에는 매트(Mat)를 깔고 서비스할 음료를 준비한다.
- 휴식 중인 승객에게는 서비스 Tag를 활용하여 양해를 구하고, 서비스를 요청하는 경우 서비스에 응대하며, Approaching Sign이 나오면 Tag를 제거한다.
- 빈 컵을 회수하고, 추가 요청 승객에게는 가능한 음료를 리필(Refill)한다.

2) 음료 서비스 후, 착륙 준비 및 안전 점검

- 회수용 트레이를 이용하여 빈 컵을 회수한다. 또한 여분의 음료를 준비하여 추가로 원하는 승객에게 제공한다.

- 사용한 서비스 용품을 회수하고, 안전 점검을 실시한다.
- 승객의 휴대 수화물이 정해진 위치에 보관되어 있는지 확인한다.
- 승객이 맡긴 물건이 있으면 반환한다.
- 착륙 시 시야 확보를 위해 객실 조명을 조절한다.
- 유동 물질을 고정하고 잠금 상태를 최종점검한 후 객실승무원은 Jump Seat에 착석하여, 30 Seconds Review를 실시한다.

2. 저비용 항공사(LCC)의 국제선 서비스

우리나라 저비용 항공사의 경우 국제선에서의 고객 안전 및 응대에 관한 이륙 전, 착륙 후 서비스는 동일하나, 비행 중 서비스는 큰 차이를 보이고 있으며 항공사마다 차별화된 서비스를 선보이고 있다.

1) 이륙 후 서비스

- 이륙 후, 좌석벨트 표시등이 꺼지면 서비스 복장을 착용하고 서비스 카트를 준비한다.
- 커피를 끓인 후 농도를 점검한다.
- 주스와 탄산음료, 생수는 차가운 상태로 서비스가 되도록 지상에서부터 준비한다.
- 사전에 주문된 기내식 및 음료 등을 고객에게 다시 한번 확인한다.
- 사전 주문 기내식 및 음료 등을 서비스한다. 단, 일부 국제선 노선에 한해 간단한 음료(물, 주스, 커피 등)와 식사를 제공하기도 한다(예: 이스타항공, 에어부산, 티웨이항공, 진에어).
- 기내에서 주문하는 기내식, 음료(커피, 주스, 탄산음료, 물 등) 등의 주문을 받는다.
- 주문된 기내식, 음료(커피, 주스, 탄산음료, 물 등) 등을 서비스한다. 시점과 상관없이 착륙 전까지 주문 서비스가 이루어진다.
- 서비스한 기내식 및 음료 등을 회수하고, 기내 정리를 한다.

2) 이륙 후 기내 면세품 판매 및 사전 예약 주문 안내

- 기내 면세품 판매에 대한 방송을 실시한다.
- 승무원들은 기내 면세품 판매에 대해 안내한다.
  : 일부 구간에서는 면세품 카트를 복도로 가지고 나와 판매 안내를 실시한다.

- 주문받은 기내 면세품을 고객에게 인도한다.
- 사전 예약이 가능한 구간의 사전 예약 기내 면세품의 주문 안내를 실시한다.

3) 국제선 입국서류 및 세관신고서 작성 안내

- 입국 서류 및 세관신고서 대상 국가 비행에서는 서류 작성에 대한 안내를 실시한다.
- 고객들의 서류 작성을 도와준다.

4) 착륙 준비 및 안전 점검

- 회수용 트레이를 이용하여 빈 컵을 회수한다.
  : 여분의 음료를 준비하여 추가로 원하는 승객에게 제공한다.
- 사용한 서비스 용품을 회수하고, 안전 점검을 실시한다.
- 승객의 휴대 수화물이 정해진 위치에 보관되어 있는지 확인한다.
- 승객이 맡긴 물건이 있으면 반환한다.
- 착륙 시 시야 확보를 위해 객실 조명을 조절한다.
- 유동 물질을 고정하고 잠금 상태를 최종점검한 후 Jump Seat에 착석하여, 30 Seconds Review를 실시한다.

CHAPTER

8

항공사 특화 서비스

01

항공사 특화 서비스의 이해

1. 항공사 특화 서비스의 도입 배경

국제화 시대의 도래와 함께 항공 수요가 증가함에 따라 항공 서비스에 대한 욕구는 더욱 다양해지고 높아졌으며, 이에 따라 고객 만족을 위한 항공사 간의 경쟁은 더욱 가속화되고 있다. 특히 항공사는 서비스 의존도가 매우 높은 기업이기 때문에 생존과 경쟁력의 우위를 갖추기 위해 서비스 차별화(서비스 특화)가 더욱 절실히 요구되고 있다.

Pavel L Photo and Video/Shutterstock.com

항공사의 수준이 향상되고 이로 인해 물적 서비스가 평준화됨에 따라 고객의 기대와 수준은 더욱 높아졌다. 이에 항공사는 더 이상 물적 서비스의 질적 향상만으로는 고객의 욕구를 충족시키기에 한계를 느끼게 되었다. 물론, 물적 서비스에 대한 개발이 지속적으로 이어지고 활용되고 있지만, 물적 서비스의 평준화 현상(FSC 항공사 기준)은 항공사들의 경쟁에서 필수적인 사항이 된 만큼 고객과의 상호작용을 통한 차별화된 서비스의 중요성이 더욱 부각되고 있다. 이러한 흐름에 따라 항공사들은 인적 서비스를 통한 더욱 세분화되고 차별화된 서비스에 집중하게 되었다. 이러한 차별화된 서비스를 통해 고객과의 거리를 좁혀 고객에게 더욱 가까이 다가가고, 단순한 만족 차원이 아닌 상호관계를 형성하여 장기지향적인 관계를 유지하는 방안을 모색하고 있다.

Sorbis/Shutterstock.com

M101Studio/Shutterstock.com

▶▶▶ 항공사 특화 서비스

물적 서비스의 평준화 → 차별화 서비스의 필요성 대두

- 항공사의 경쟁력 강화
- 상호작용을 통한 유대관계 정립
- 고객과의 장기지향적 관계 구축

"항공사 특화 서비스를 통한 고객과의 유대관계 강화 및 정기지향적 관계 구축"

표 | 항공사 특화 서비스의 중요성

2. 항공사 특화 서비스의 정의

항공사 '특화 서비스'라는 말은 아직까지 학문적으로 정의된 용어는 아니다. 왜냐하면, 항공사 자체에서 사용하는 말이 각각 다르고, 언어 자체의 중요성보다는 의미 자체에 의의를 두기 때문이다. 이에 각 항공사들은 특화 서비스를 '항공사 이벤트', '항공사 Special Service', '차별화 서비스' 등 각 항공사에 맞게 사용하고 있다. 모두 고객들에게 차별화된 서비스를 제공하고 이에 고객을 만족시킬 뿐만 아니라, 상호작용과 교감을 이끌어 낸다는 의미로 통용되고 있다.

»» 항공사 특화 서비스란?

"물적 요소의 활용과 인적 서비스를 바탕으로 고객과의 상호작용을 통해 고객만족을 이끌어 내고 나아가 고객과의 장기지향적 관계 형성을 유도하고자 행하는 항공사 서비스"

— Shostack(1977), 박승식(2005), 서일권(2013), 박윤미(2015)

표 | 항공사 특화 서비스

3. 항공사 특화 서비스의 특징

항공사의 특화 서비스는 기존의 물적·인적 차별화 서비스와는 다른 양상을 보인다. 기존의 차별화 서비스는 대부분 서비스 물품과 단순히 서비스를 제공하는 직원의 친절성 등을 강조했다. 그러나 최근 항공사들이 내세우는 차별화 서비스는 고객과의 상호작용, 즉 교감과 소통을 이끌어 내는 데 주목하여 이에 맞게 서비스를 개발하고 실행하는 것이다.

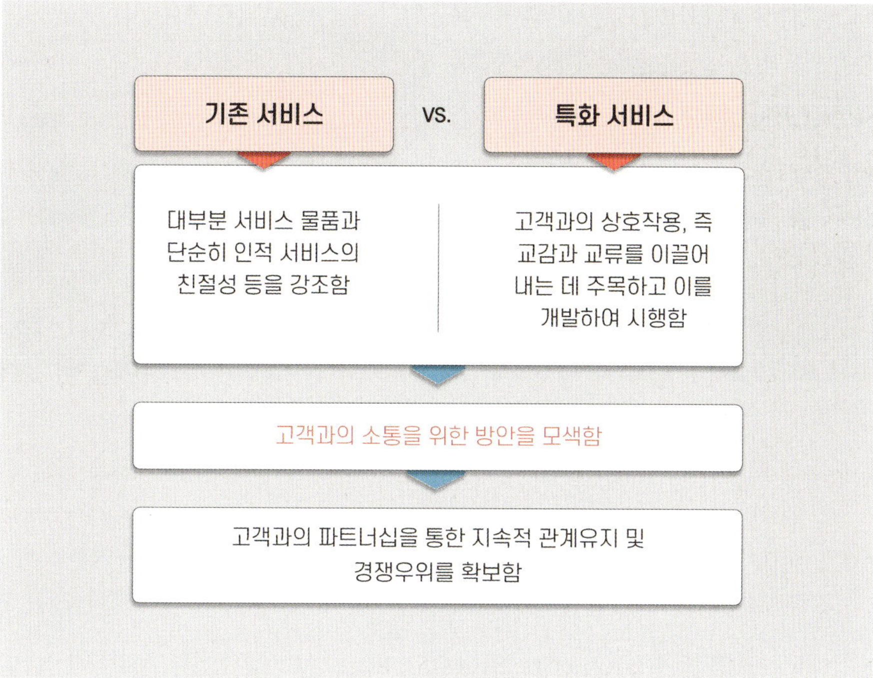

표 | 항공사 특화 서비스의 특징

4. 항공사 물적·인적 특화 서비스 도입 배경

항공사들의 물적·인적 서비스를 통한 특화(차별화)된 서비스 성공 사례는 많이 찾아볼 수 있다. 이러한 차별화된 항공 서비스의 전략은 항공사의 이미지를 격상시키고 항공사를 대내외적으로 알리는 것뿐만이 아니라, 고객들과 소통하여 지속적인 관계를 이끌어 내는 데 그 핵심 목적이 있다.

항공사 특화 서비스에 대한 사례들을 자세히 살펴보면, 각 항공사마다 차별화된 서비스를 제공하는 방법과 내용 및 개성은 다르지만, 다른 서비스 안에서 고객과의 커뮤니케이션을 위해 감성적 요소를 활용하고 있다. 그 이유는 감성이 내재되어 있는 소통을 해야만 고객의 마음을 진정으로 얻을 수 있고, 지속적인 관계를 유지할 수 있기 때문이다. 이제 전 세계 항공사들은 감성 교류를 통한 효과가 극대화됨에 따라 이에 상응하는 차별화 방안을 더욱 구체화시키고 실행하는 노력에 주목하고 있다.

항공 서비스는 물적·인적 요소가 조화를 이루어 만들어 낸 총체적 결과물이며, 특히 차별화 전략과 핵심적 요소의 핵심은 인적 서비스라고 볼 수가 있다. 경쟁이 가속화되는 항공 시장에서 경쟁 변수에는 비용, 운항 빈도 및 노선, 장비, 물리적 시설 등의 수많은 요소들이 있

Sorbis/Shutterstock.com

M101Studio/Shutterstock.com

지만, 이 중에서 가장 비중을 두고 활발하게 이루어지는 차별적 경쟁 수단은 바로 고객과의 접점에서 이루어지는 서비스이다. 이러한 배경으로 인해 물적 서비스의 특화 전략 또한 중요하지만, 고객과의 관계의 질을 향상시키는 인적 서비스의 특화 방안이 지속적으로 고안되고 있다.

02
항공사 특화 서비스 사례

1. 초창기 항공사의 특화 서비스

항공사 특화 서비스가 등장한 시점에 대한 논의는 항상 이어져 오고 있지만, 항공 산업 초창기에는 특화 서비스에 대한 개념이 따로 정립되어 있지 않았다. 1926년 유나이티드항공의 민간 상업 비행의 도래와 함께 수많은 항공사들이 물적 · 인적 서비스, 지상 · 기내 서비스 등의 각 접점에서의 다양한 서비스를 통해 다가선 수많은 노력이 특화 서비스의 시초라고 볼 수 있다.

또한, 팬암항공사에서는 다른 항공사와 차별화를 위해 기내 인테리어를 색다르게 구성하였으며, 올림픽 등의 이벤트를 위한 축하 행사 등을 기내에서 실시하였다.

우리나라의 사례를 보면, 1973년 대한항공에서는 B747 점보기 도입을 축하하기 위해 시민들과 함께하는 이벤트를 통해 고객들에게 친숙하게 다가갈 수 있는 차별화된 행사를 실시하였다.

2. 전 세계 항공사의 물적·인적 특화 서비스 사례

1900년대 초부터 실시된 특화 서비스는 항공사의 경쟁이 가속화될수록 더욱 심화되었으며, 2000년대에 진입하면서 세분화되고 차별화된 특화 서비스를 항공사마다 선보이기 시작하여 현재에도 다양하고 시대의 흐름에 맞는 특화 서비스를 고객에게 제공하고 있다. 세계 주요 항공사의 특화 서비스 사례를 정리하면 다음과 같다.

항공사	물적 서비스	인적 서비스
사우스웨스트항공 (Southwest Airlines)	타사에 비해 낮은 운임비 '유머' 콘셉트의 광고	'Fun' 경영을 모토로 승객 대상 기내 깜짝 이벤트(기내 방송, 유머 서비스)
싱가포르항공 (Singapore Airlines)	기내 E-mail 무료 전송 피부 케어 제공(라운지: 참존 CST 타운 개설)	'싱가포르 걸'의 콘셉트와 특허받은 향(스테판 플로리안 워터스)을 통한 감성 서비스
아시아나항공 (Asiana Airlines)	체크인, 수화물 우선 처리, 수화물 추가 허용(임신부, 장애인, 유아 동반 승객) 기내에서 수유 가리개, 아기 띠, 카시트 제공	특화된 기내 서비스(매직쇼, 네일아트, 타로점, 패션쇼, 캐리커처, 승무원 체험, 초코/라테아트 체험) 효(孝) 서비스(효 도우미를 통한 여정 전반적 안내 및 정보 제공)
대한항공 (Korean Air)	다양한 와인, 음료 제공 기내 오락물의 다양화	차별화된 기내 서비스(플라잉 맘, UM 서비스: 비동반 소아 승객에 모성애 결합)
말레이시아항공 (Malaysia Airlines)	연령, 문화를 고려한 기내식 기내 좌석의 차별화(무지개 색깔 구성)	승무원과 함께 기내에서의 말레이시아 이색 문화 체험 기회 제공
에미레이트항공 (Emirates Airlines)	기내 천장 형광별 데코레이션 기내 샤워 시설(Timeless Spa) 어린이 승객을 위한 차별화된 기념품(독일 심바 토이즈 제작: 쿼크 인형, 동화책, 안대)	고객 입장에서 생각하자는 'Customer Journey'를 모토로 기내 서비스를 실시함
캐세이퍼시픽 (Cathay Pacific)	차별화된 기념품 제공 (남성: Kappa 제품, 이탈리아 여행 가방 여성: Aesop 제품, 여행용 파우치 등)	기내 셰프 서비스(즉석 요리 제공) 승무원 감성 DNA 서비스
제주항공 (Jeju Air)	'Fun Fun' 콘셉트의 홍보 타사에 비해 낮은 운임비	JJ(Join & Joy)팀의 이벤트 서비스 (빙고, 로또 게임, 가위바위보, 풍선 아트, 악기 연주, 캐리커처 등) 국경일 이벤트
에어아시아 (Air Asia)	타사에 비해 낮은 운임비 (좌석 선택, 대형 수화물, 웹 체크인 허용)	직원 유니폼의 차별화(시각화) 기내 서비스 차별화 (기내 방송, 친절도)

표 | 차별화된 항공사 서비스 성공 사례

3. 국내 대형 항공사(FSC)의 특화 서비스

1969년 대한항공이 창립되었지만, 특화 서비스가 더욱 가속화된 계기는 우리나라의 두 번째 항공사인 아시아나항공이 1988년에 출범되었기 때문이다. 이 두 항공사의 경쟁은 고객들에게 다양한 서비스를 선보이는 계기가 되었으며, 나아가 특화 서비스로의 확대는 대한항공과 아시아나항공이 전 세계적인 항공사로 거듭날 수 있는 원동력이 되었다.

특화 서비스	대한항공	아시아나항공
물적 서비스	일등석 라운지에서 시행 중인 뷰티 기기 체험 서비스	개인의 프라이버시를 위한 일등석 좌석
인적 서비스(공항)	반려동물 동반 여행을 위한 'Skypets' 서비스	임산부, 유아 동반 승객을 위한 서비스
인적 서비스(기내)	대한항공 50주년 기념 역대 유니폼 착용 서비스	승무원들로 구성된 매직, 타로, 패션쇼, 차밍팀 등
기내식 서비스	지역 특산품으로 구성된 차별화된 기내식 서비스	셰프와 소믈리에가 직접 서비스하는 기내 식음료 서비스

표 | 대형 항공사의 특화 서비스

4. 국내 저비용 항공사(LCC)의 특화 서비스

우리나라 저비용 항공사들이 급격히 증가하면서 두드러지게 나타난 현상은 바로 특화 서비스의 개발과 시행이다. 경쟁이 심화되면서 저비용 항공사들은 비용 절감을 꾀하면서도 서비스의 질적 제고를 위해 특화 서비스를 다각도로 모색하고, 기존 FSC 항공사 못지않은 특화된 서비스들을 제공하고 있다. 또한, 우리나라 저비용 항공사의 설립과 시작이 기존 대형 항공사보다 뒤늦은 만큼 특화된 서비스를 통해 항공사의 이미지를 제고하고 고객과의 유대감을 형성하기 위해 노력하고 있다.

그러나 서비스는 유형적인 상품과는 달리 특허로 보호받지 못하기 때문에 모방되기 쉽다는 특징이 있어 더 독특하고 차별화된 서비스를 개발하기 위한 항공사의 노력이 계속되고 있다.

1) 저비용 항공사의 특화된 물적 서비스 사례

우리나라 저비용 항공사들은 항공사마다 특화된 물적 서비스를 제공하고 있다. 그중 에어서울은 '하늘 위 영화관' 서비스를 시작하여 국내 LCC 최초로 기내 모니터를 통한 영화 서비스를 제공하고 있다.

제주항공은 우리나라 저비용 항공사 최초로 프리미엄 이코노미 '뉴클래스'를 운영하고 있다. 기존 좌석에서 앞뒤, 좌우 간격을 넓혀 고객들에게 차별화된 기내 좌석을 제공하고 있다.

2) 저비용 항공사의 특화된 인적 서비스 사례(공항)

대부분의 우리나라 저비용 항공사들은 기내에 탑승하기 전부터 승객들과의 유대감 형성 및 이미지 제고를 위해 특화된 인적 서비스를 시행하고 있다.

진에어는 명절을 맞이해 공항을 찾은 고객들을 위해 다양한 현장 이벤트를 진행하고 있다. 특히 작년 설에는 객실승무원과 함께 윷놀이를 하는 이벤트를 마련해 탑승객에게 다양한 경품을 증정하기도 하였다.

티웨이항공은 국제선(인천, 김포 출발)을 이용하는 승객을 대상으로 겨울철에 따뜻한 여행지로 떠날 때 보다 가볍게 떠날 수 있도록 무겁고 번거로운 외투를 보관해 주는 '코트룸 서비스'를 제공하고 있다.

3) 저비용 항공사의 특화된 인적 서비스(기내)

우리나라 저비용 항공사의 기내에서 제공되고 있으며 승객들로부터 좋은 평가를 받고 있는 인적 서비스를 활용한 대표적인 특화 서비스의 사례를 정리하면 다음과 같다.

제주항공	에어부산	티웨이항공
• 마술공연 • 캐리커처, 캘리그래피 • 하늘라디오 • 게임 이벤트 • 풍선아트 • 퍼스널컬러, 뷰티 스타일링 • 타로 카드 • 프러포즈	• Especially For You 서비스 "Letters to AIR BUSAN" • Especially For You 서비스 "비행기는 사랑을 싣고" • 매직 서비스 • 타로 서비스 • 플라잉 바리스타 서비스 • 블루하모니 서비스 • 캘리그래피 서비스	• 사연 신청-U'story 서비스 • Calli'way팀의 캘리그래피 서비스 • t'Harmony팀의 성악 서비스 • t'Symphony팀의 악기 연주 서비스
에어서울	**진에어**	**이스타항공**
• 민트랜드팀의 게임 서비스 • 민트온에어팀의 고객 사연 전달 서비스 • 민트프리팀의 특별한 면세상품 판매 이벤트 서비스	• 기내 이벤트 특화팀의 Delight JINI 서비스(아르美, Kids Master, Lala Jin's, JINI Graphy)	• 레크리에이션팀, 댄스팀, 칵테일팀, 아트팀으로 구성된 이벤트팀의 특화 서비스

표 | 저비용 항공사의 특화된 인적 서비스

4) 저비용 항공사의 특화된 기내식 서비스

우리나라 저비용 항공사들은 대부분(일부 구간 무료 기내식 서비스 시행)의 기내식을 유상으로 판매하고 있지만, 다양한 메뉴를 개발하고 고객들의 취향에 맞는 기내식을 선보이기 위해 다각도로 노력을 기울이고 있다. 저비용 항공사들은 각 항공사만의 개성을 살려 특화한 기내식을 상시적으로 선보이고 있다.

5. 국내 항공사들의 SNS 특화 서비스

항공업계에서는 고객 관리 기법에 변화를 거듭하고 있다. 특히 SNS(Social Network Service) 등 온라인 채널을 이용해 고객들과의 소통을 이끌어 내고 있다. 대한항공을 비롯한 모든 항공사들은 페이스북(Facebook), 구글플러스(GooglePlus), 인스타그램(Instagram), 유튜브(YouTube) 등 다양한 온라인 채널을 통해 고객들에게 차별화된 서비스를 제공하고 있다.

6. 외국 항공사의 특화 서비스

우리나라 항공사에 비해 긴 역사를 가지고 있는 외국 항공사들은 예전부터 경쟁에서의 우위를 점하기 위해 특화 서비스를 다각도로 시행해 오고 있었으며, 현재도 다양한 특화 서비스들을 개발하고 시행하고 있다.

(1) 아랍 에미레이트항공의 물적 특화 서비스

기내 Wifi, 샤워 시설, 엔터테인먼트 시스템, 어린이 기념품 등을 서비스하고 있다.

M101Studio/Shutterstock.com(좌, 우)

(2) 싱가포르항공의 인적 특화 서비스

싱가포르항공은 서비스를 위해 14주 동안의 차별화된 서비스 교육을 실시하고 있으며, '싱가포르 걸(Singapore Girl)'을 통해 특화된 서비스를 제공하고 있다.

Sorbis/Shutterstock.com(좌, 우)

CHAPTER

9

객실 서비스와 고객 응대 요령

01

기내 대화법

기내에서 승무원이 사용하는 언어와 말투 및 태도는 고객 응대에 있어서 가장 기본적인 커뮤니케이션의 요소이다.

적절하지 못한 대화에서 비롯되는 문제가 고객 불만의 가장 많은 부분을 차지한다. 따라서 기내에서 일어날 수 있는 다양한 상황에 올바르게 응대할 수 있는 대화 요령을 익히는 것이 중요하다. 상대에게 상냥함과 즐거움을 전달할 수 있는 대화 기법은 객실승무원이 제공할 수 있는 최고의 서비스 상품이기도 하다.

Bajo Rogan Photography/Shutterstock.com

1. 기내 대화

1) 말을 전달할 때

장거리 비행일수록 기내에서 승객과 대화할 기회가 많아진다. 또한 국가별, 문화별, 연령별로 다양한 고객들과의 원활한 커뮤니케이션을 위해서는 대화의 흐름을 잘 파악해야 한다.

- 평온한 감정을 유지하고 표정은 부드럽게 한다.
- 자세를 바르게 하고 대화에 적극적인 모습을 보인다.
- 대화하는 승객(예: 외국인, 어린이, 장애인 등)의 특징에 따라 알아듣기 쉬운 언어를 선택한다.
- 외국어나 전문 용어는 가능한 한 사용하지 않는다.
- 알아듣기 쉽게 정확한 발음, 단정한 어조 및 적당한 속도로 말한다.
- 상대방의 반응을 살피면서 대화한다.

2) 말을 들을 때

상대방과 대화할 때 건성으로 듣는 것 같거나 시선을 마주치지 않는 것은 '당신과 대화하고 싶지 않다'는 것을 간접적으로 표현하는 것이나 마찬가지이다. 이는 대화 예절에 있어 큰 실례이며, 특히 고객과 대화할 때에는 오해를 불러일으킬 수 있어 특히 주의해야 한다.

상대방의 말을 경청한다는 것은 기본적인 예의일 뿐만 아니라 상대방의 필요와 요구를 제대로 파악할 수 있는 방법이므로 중요하다.

- 대화할 때는 상대방의 눈을 바라본다(Eye Contact).
- 상대방의 말에 적절히 반응하며 맞장구친다.
- 고객이 말하는 내용은 잊지 않도록 메모하는 습관을 갖고, 고객의 말은 반드시 재확인한다.
- 궁금한 점에 대해서는 상대방의 말이 끝난 후에 물어보고 확인한다.

3) 경어 사용

기내에서 승객과 대화할 때는 경어 사용을 기본으로 하며 나이가 어린 학생 승객이나 어린이 승객이라도 반토막말 또는 반말을 사용하지 않는다. 또한 정중한 자세와 동작이 경어 사용에 효과를 높일 수 있으므로 성의 있는 모습으로 예의 바른 단어를 선택하여 적절한 톤으로 응대하도록 한다.

- 높임말 사용: '……다', '……까?' 형식으로 대화한다.

예 '……하십시오', '……입니다', '……입니까?' 등

- 반높임말 사용 자제: '……요', '……죠' 등의 형식의 대화는 하지 않는다.

예 '……하세요', '……드려요?', '……없는데요' 등

4) 청유형 표현 사용

명령형의 대화가 아닌 청유형 형태의 언어를 사용하는 것이 상대방의 거부감을 줄이고, 상대의 의견을 효과적으로 구할 수 있는 올바른 대화 기법이다.

- '……해주시겠습니까?'

예 '자리에 앉으세요!'→ '자리에 앉아주시겠습니까?'
'탑승권 보여주세요.'→ '탑승권 보여주시겠습니까?'

- 청유형 앞에 사용하면 좋은 표현

예 '죄송합니다만……', '실례합니다만……', '번거로우시겠지만……', '양해해주신다면', '괜찮으시다면……', '바쁘시겠지만……' 등

2. 호칭

기내에서 승객을 부를 때는 원칙적으로 이름을 불러서는 안 되며, 적당한 호칭을 사용해야 한다.

iyd39/Shutterstock.com

- 직함을 아는 경우에는 '성'에 함께 붙여 사용하는 것이 보편적이며 무난하다. 호칭은 '성+직함+님'의 순서로, 예를 들면 '최 사장님', '김 상무님' 등의 형태로 부르는 것이 적당하다.
- 사전에 정보가 없어 직함을 모르거나 애매할 때는 내국인의 경우는 '손님 또는 여사님', 외국인 승객의 경우 'Sir' 또는 'Ma'am'으로 부르는 것이 적당하다.

예

할머니/할아버지 → 어르신
아저씨/아줌마 → 손님

02

객실 서비스와 고객 응대

1. 객실 서비스에 대한 고객의 기대와 중요성

항공기 객실 서비스에 대한 고객의 기대와 욕구는 나날이 커지고 있으며, 항공사들은 이러한 고객의 기대를 충족시켜 경쟁적 우위를 점하고자 많은 노력을 기울이고 있다. 특히, 객실 서비스는 물리적인 요소도 중요하지만, 고객들과 항공기 객실승무원들과의 수많은 접점이 이루어지는 만큼 항공기 기내라는 한정된 공간 안에서 객실승무원들의 응대를 통한 소통이 매우 중요한 요소로 인식되고 있다.

객실승무원들이 항공기 기내에서 고객 응대를 하는 모습
| M101Studio/Shutterstock.com(좌), RUBEN M RAMOS/Shutterstock.com(우)

2. 객실 서비스 고객 응대 요령

1) 항공기 이륙 전 응대

(1) 일반 승객 응대

▸ 다른 좌석으로 바꿔 달라고 요청하는 고객

Brostock/Shutterstock.com

TIP

모든 탑승이 끝난 후, 승객들의 양해를 구해서 좌석을 바꿔 줄 수 있는지 확인해 본다고 말하고, 탑승 후에 좌석 상황과 다른 고객의 의사를 조심스럽게 확인한 후에 상황에 대해 정중하게 안내한다. 또한 좌석을 바꿀 수 없는 상황이라면 더 세심하게 신경 써서 고객이 불편함을 느끼지 못하도록 서비스한다.

승무원	안녕하십니까? 어서 오십시오. 좌석을 안내해 드리겠습니다. 손님 좌석은 오른쪽 창가 좌석입니다.
승객	혹시 오늘 만석인가요?
승무원	네, 오늘 좌석 예약은 만석입니다.
승객	제가 얼마 전에 다리를 다쳐 불편한데, 복도 쪽 좌석과 바꿀 수 없을까요?
승무원	네, 손님. 지금 탑승 중이니 잠시 후 제가 확인해 보겠습니다. (좌석 상황을 재확인한 후 안내한다.)

▸ 탑승 후, 갑자기 내리고자 하는 고객

TIP

고객의 불안한 상태가 바로 해결되는 것이 아니므로, 마음의 안정을 위한 따뜻한 차나 음료를 서비스하고 고객이 불안해하는 요소가 해결될 수 있도록 자세하고 세심한 설명과 더불어 수시로 고객의 상태를 살핀다.

승객	저기요…….
승무원	네, 손님. 무엇을 도와드릴까요?
승객	저 지금 비행기에서 내리고 싶어요.
승무원	손님, 실례지만 제가 내리시고 싶은 이유를 여쭤봐도 될까요?
승객	비행기가 추락할 것 같아, 너무 불안해서 못 탈 것 같아요. 저 내려야겠어요.
승무원	손님, 그런 생각이 충분히 드실 수도 있습니다. 저도 예전에, 승무원으로 근무하기 전에는 그런 생각을 종종 했습니다. 하지만 항공사에 입사해 항공기의 운항 원리, 항공기의 철저한 안전 점검 등에 대해 알고 나니 항공기가 얼마나 안전한 이동 수단인지를 깨닫게 되었습니다. 저희 운항승무원과 객실승무원이 고객님을 가장 안전하게 목적지까지 모실 테니 저희를 믿고 마음을 편히 가지시면 어떠실까요?

▸ Role Playing

다음과 같은 상황일 때 어떻게 응대할지 생각해 보자.

1. 일행과 좌석이 떨어져 있어 같이 앉기를 원하는 경우

2. 같은 좌석에 승객이 동시에 배정된 경우

3. 고객이 특정 신문을 찾는데 그 신문이 다 떨어진 경우

4. 이코노미석 고객에게 제공되지 않는 서비스 용품(슬리퍼, 미스트 등)을 찾는 경우

5. 기내 반입이 불가능한 수화물을 가지고 탑승하는 경우

(2) 특별 승객 응대

▸ 비동반 소아(UM) 승객이 탑승한 상황

TIP

보호자 비동반 소아(UM) 승객이 탑승한 경우, 보기에는 문제가 없어 보일 수 있으나 보호자가 없으므로 자주 불안한 심리 상태를 느낄 수 있다. 이에 승무원은 수시로 어린이 승객의 상태를 점검하고 다른 일반 승객보다도 세심한 서비스를 제공한다. (화장실 사용, 식사 점검, 엔터테인먼트 시스템 사용법, 물이나 음료 제공, 서류 작성 등)

승무원	안녕하십니까? 어서 오십시오. 좌석 안내해 드리겠습니다.
어린이 승객	안녕하세요……?
승무원	오늘 저희 항공사에 탑승해 주셔서 감사합니다. 보호자 분과 같이 탑승하지 않으셨지만 오늘 승무원들이 엄마처럼 손님을 보살펴 드릴 테니 걱정하지 마세요.
어린이 승객	네, 감사합니다.
승무원	이렇게 혼자서 탑승하니 대단하네요! 언제든지 필요한 게 있으면 말씀해주세요. 그리고, 물이나 주스 한 잔 가져다드릴까요? 기내에는 오렌지, 파인애플, 사과, 토마토, 구아바 등 다양하고 맛있는 주스가 준비되어 있답니다.
어린이 승객	저 그럼, 파인애플 주스 한 잔 주세요.
승무원	잠시만 기다려 주세요.

▸ 반려동물과 함께 탑승한 상황

TIP

요즘 들어 반려견 동반 승객이 부쩍 늘고 있다. 반려견 동반 승객은 반려견과의 동반여행에 대한 걱정이 많으므로 자주 체크하여 반려견의 상태에 대한 정보를 공유하고 필요한 것들을 제공하도록 한다. 반면에 다른 승객들이 반려견으로 인해 불편을 느끼지 않도록 주변 승객들의 상태도 세심히 살피고 반려견으로 인한 불편 사항에 대해 수시로 양해를 구해야 한다.

승무원 손님, 안녕하십니까? 탑승을 환영합니다. 반려견과 함께 탑승하셨으니, 불편함이 없으시도록 정성껏 도와드리겠습니다.

승객 혹시……, 비행 중에 저희 강순이를 캐리어에서 꺼낼 수 있을까요?

강순이가 너무 답답해할 것 같아서요.

승무원 손님, 저도 반려견이 답답해할 것 같아 신경이 쓰이는데요. 하지만 저희 항공기 규정과 다른 손님들에 대한 배려 차원에서 운항 중에 반려견을 캐리어 밖으로 이동하는 것은 금지되어 있습니다.

양해 부탁드리겠습니다.

승객 네, 알겠어요…….

승무원 혹시 강순이가 가지고 놀 수 있는 장난감이 있다면 미리 주면 낯선 환경에 조금은 덜 불안해할 것 같아요.

승객 강순이한테 장난감을 미리 줘야겠네요. 감사합니다.

승무원 별말씀을요. 언제든지 필요하신 사항 있으시면 말씀해 주세요.

▸ Role Playing

다음과 같은 상황일 때 어떻게 응대할지 생각해 보자.

1. 휠체어 승객이 탑승하는 경우

2. 임산부 승객이 탑승하는 경우

3. 유아 동반 승객이 탑승하는 경우

4. VIP 등 사회 저명인사가 탑승하는 경우

5. 항공사 상용 고객이 탑승하는 경우

2) 항공기 이륙 후 응대

(1) 식사 및 음료 서비스 응대

▸ 다른 식사도 함께 제공받길 원하는 고객

TIP

기내식을 추가로 요청하는 사례가 종종 발생한다. 모든 서비스가 끝날 때까지는 고객에게 추가로 기내식을 제공할 수 없으므로 우선 양해를 구하도록 한다. 대신 다른 음료나 스낵 등을 권하여 고객이 추가 요청 사항에 대해 무안함이 없도록 배려한다. 또한 여유 식사가 없을 경우도 종종 발생하니, 이때에도 양해를 구하고 다른 음료나 스낵을 권하여 아쉬움이 남지 않도록 서비스를 제공한다.

(PAX Call 울림)

승무원　손님, 무엇을 도와드릴까요?

승객　제가 다른 메뉴의 식사도 먹을 수 있을까요? 비빔밥을 먹었는데, 양식도 먹고 싶네요…….

승무원　네, 손님. 저희 항공사 기내식이 워낙 맛이 좋습니다. 그런데 죄송하지만, 아직 저희 기내식 서비스가 모두 끝나지 않아 기내식 서비스 후에 가능 여부를 말씀드려도 괜찮을까요?

승객　네, 그렇게 해주세요.

승무원　기다리시는 동안 혹시 필요하신 다른 음료부터 드릴까요?

승객　저 그럼, 레드 와인 한 잔 더 주세요.

승무원　네, 곧 가져다드리겠습니다.

▶ 취한 상태에서 주류를 계속해서 요청하는 상황

TIP

기내에서는 낮은 기압으로 인해 술이 지상에서보다 훨씬 빨리 취하지만, 고객들 스스로 잘 인지하지 못해 주류를 계속 요청하기도 한다. 고객들이 주류를 지속적으로 주문할 경우, 고객의 상태를 잘 파악하고(고객마다 개인차가 있다), 만약 취했다고 판단이 되면 고객의 감정이 상하지 않도록 음료나 스낵 등을 권하여 만취를 미연에 방지해야 한다. 또한 같이 근무하는 승무원들끼리 정보를 공유하는 것도 잊지 않아야 한다.

승객	저기……요!!(취한 모습이 역력하다.)
승무원	네, 손님. 무엇을 도와드릴까요?
승객	저 맥주하고 보드카 한 잔 가져다주세요.
승무원	손님, 저희가 주류를 당연히 제공해 드릴 수는 있으나 기내는 기압이 낮기 때문에 지상에서보다 술이 3배 이상 빨리 취한다고 합니다.
승객	저도 알고요. 저 하나도 안 취했어요.
승무원	아직 괜찮으신 거 저도 알지만, 우선 다른 음료 한 잔 하시고 조금 뒤에 다시 주류를 드시면 어떠실까요? 이번에 새로 파인애플 주스가 탑재되었는데 맛이 좋다고 하네요. 다른 여러 종류의 음료도 많이 준비되어 있습니다.
승객	저, 그럼 그냥 시원한 생수 주세요.
승무원	시원한 생수를 원하시면 얼음도 같이 드릴까요?
승객	네.

▸ Role Playing

다음과 같은 상황일 때 어떻게 응대할지 생각해 보자.

1. 없는 메뉴를 요청하는 경우

2. 식사 서비스 시, 언어(한국어 또는 영어) 소통이 전혀 되지 않는 경우

3. 승객이 원하는 메뉴가 떨어졌을 경우

4. 탑재된 식사가 맛이 없다고 하는 경우

5. 식사하지 않고 잠드는 경우

(2) 기타 기내 객실 서비스 응대

▶ 서류 작성 및 안내

TIP

비행 중, 서류 작성에 관한 문의가 자주 일어난다. 비행 중 서비스되는 서류는 해당 국가에서 정한 규정이므로, 작성 요령을 비롯하여 관련 정보를 정확히 안내해야 하며 승무원의 개인적인 견해를 제시하는 것은 지양해야 한다.

승객 저, 질문이 있는데요?

승무원 네, 손님. 무엇을 도와드릴까요?

승객 제가 세관신고서를 작성하고 있는데, 선물을 준비하다 보니 액수가 약간 초과한 것 같은데 어떻게 해야 하나요? 많은 액수는 아닌 것 같은데 신고하지 않아도 될까요?

승무원 친구분들이 선물을 받으면 너무 좋아하시겠네요.

그런데 면세 범위가 초과된 물품에 대해서는 세관신고서 뒷면에 기입하시고, ○%의 세금을 내셔야 합니다.

승객 아무래도 그래야겠네요…….

승무원 작성하시면서 궁금한 사항은 언제든지 말씀해주세요.

▸ 고객이 요청하는 기내 면세품의 재고가 없는 경우

TIP

우선 고객이 구매하고자 하는 기내 면세품 재고가 없는 것에 대해 정중히 양해를 구하고, 승객이 구매하지 못함에 대한 상황을 충분히 공감한다. 또한, 승객이 구매하고자 하는 기내 면세품과 비슷한 상품을 추천받고자 한다면 자세히 제품에 대한 안내하고, 사전 예약 주문 제도에 대해서도 안내하여 제품 구매에 대한 선택의 폭을 넓힌다.

승무원	기내 면세품 판매 도와드리겠습니다.
승객	저기요!
승무원	네, 손님. 면세품 주문 도와드릴까요?
승객	저 면세품 책자에 있는 ○○○○ 립글로스 2세트 주문하고 싶은데요.
승무원	네, 제가 바로 확인해 보겠습니다.
승무원	(확인 후) 손님, 우선 너무나 죄송한 말씀 드리겠습니다. 지금 현재 기내에는 손님께서 말씀하신 ○○○○ 립글로스가 현재 1세트밖에 남아 있지 않습니다. 혹시 원하시는 상품과 비슷한 제품을 제가 추천드려도 될까요?
승객	아니요, 저는 ○○○○ 제품만 사용해서 다른 제품은 구매할 의사가 없습니다.
승무원	네, 그러시군요. 그렇다면 혹시, 한국으로 다시 돌아오실 때도 저희 ○○항공을 탑승하실 계획이신가요?
승객	네, 그럴 거예요.
승무원	그러시다면, 저희 ○○항공에는 기내 면세품 사전 예약 주문 제도가 있습니다. 예약 주문을 하시면, 돌아가는 비행기에서 물건을 편하게 별도의 주문 없이 받아보실 수 있습니다. 괜찮으시면 사전 예약 주문 제도로 물건을 돌아가시는 비행기에서 편하게 받아 보시는 건 어떠실까요?
승객	네, 그럼 그렇게 할게요.
승무원	그럼, 제가 사전 예약 주문 도와드리겠습니다.

▸ Role Playing

다음과 같은 상황일 때 어떻게 응대할지 생각해 보자.

1. 서류 작성을 대신 해달라고 요청하는 경우

2. 고객이 신고 물품을 소지하고 있지만, 신고하지 않아도 되는 것에 대해 승무원의 동의를 강요하는 경우

3. 규정을 초과하여(주류) 기내 면세품 구매가 가능한지 문의하는 경우

4. 기내 면세품 판매 시, 거스름돈이 부족한 경우

▸ 기내에서 전자담배를 피우고자 문의하는 상황

승객	저기요!
승무원	네, 손님. 무엇을 도와드릴까요?
승객	제가 담배는 아니고, 오히려 향이 좋은 전자담배를 가지고 있는데, 기내에서 피우는 것이 가능한가요? 정말 냄새가 좋아요!!
승무원	손님, 우선 장시간 여행하시느라 힘드시죠? 저도 손님의 마음이 충분히 이해됩니다.
승객	그렇죠? 진짜 참기가 힘드네요.
승무원	그런데 전자담배는 다른 손님들에게 불안함을 드릴 수 있을 뿐만 아니라, 규정상 일반 담배와 동일하게 취급되기 때문에 기내에서는 금지되어 있습니다. 양해 부탁드리겠습니다.
승객	아쉽네요……. 기대했는데…….
승무원	대신 제가 무료함을 달래드릴 맛있는 칵테일이나 음료, 스낵을 제공해 드리면 어떨까요? 이번에 기내에서 새롭게 서비스하는 '로브 로이' 칵테일이 있는데 한번 드셔보시면 어떠실까요?
승객	네, 그럼 칵테일과 스낵 부탁드릴게요.

※ 항공기 내에서 서비스하는 칵테일의 종류는 재료 준비 관계로 한정적이기는 하나, 기내에 탑재된 재료 내에서 새롭게 서비스되는 칵테일도 종종 선보이고 있다.

3) 항공기 착륙 전 응대

(1) 귀가 아프다고 호소하는 승객

TIP

비행기 이착륙 시 기압차가 발생하여 승객들은 귀 통증을 호소하기도 한다. 우선, 이러한 증상이 나타나는 원인을 자세히 설명하여 승객을 안심시키고 증상을 완화할 수 있는 물, 사탕 등을 제공한다. (어린아이 승객은 우유를 먹거나 인공 젖꼭지를 빨면 효과적이다.)

승무원	손님, 착륙 준비를 위해 창문 커튼을 열어 주시겠습니까?
승객	저기요. 제가 너무 귀가 아파서요……. 귀가 찢어질 것 같아요.
승무원	항공기 착륙을 위해 고도를 낮추면 기압차가 발생하는데 그로 인해 귀에 통증이 느껴지기도 합니다. 많이 불편하시지요? 이 증상은 항공기가 착륙하면 괜찮아지는 현상이니 너무 걱정은 하지 않으셔도 됩니다.
승객	그래도 너무 아픈데요…….
승무원	되도록 침을 자주 삼키시고, 제가 바로 사탕을 가져다드릴 테니, 사탕을 드시면 조금은 증상이 호전되실 겁니다. 지금 불편하시겠지만, 착륙 전까지 조금 기다려 주세요.
승객	네, 감사합니다.

(2) 착륙 준비 중 좌석 등받이를 원위치로 하지 않는 승객

Christian Heinz/Shutterstock.com

TIP

안전 사항과 관련된 일은 예외가 없기 때문에 철저한 체크가 필요하다. 다만, 과정상 승객이 강압적인 느낌이 들지 않도록 양해를 구하고 만약 협조가 잘 이루어지지 않을 경우 실행해야 하는 이유에 대해 구체적으로 설명한다. 그럼에도 불구하고 끝까지 협조하지 않는 경우에는 사무장에게 보고한 후, 절차에 따라 조치를 취한다.

승무원 손님, 편안한 여행 되셨는지요?
저희 비행기 곧 인천국제공항에 착륙할 예정입니다. 안전한 착륙을 위해 등받이를 원위치로 해주시겠습니까?

승객 네.
※여전히 등받이는 원위치되어 있지 않은 상황

승무원 손님, 실례지만 저희 비행기 곧 착륙 예정입니다.
그동안 계속 앉아 계시느라 피곤하셨죠? 이제 곧 도착하니 조금만 기다려주시고, 손님의 안전을 위해 다시 한 번 등받이를 원위치로 해주시겠습니까?

승객 네, 알겠어요. 근데 버튼이 잘 작동하지 않네요.

승무원 그럼, 제가 도와드리겠습니다.
장시간 여정에 수고 많으셨고, 저희는 안전한 착륙 준비를 마무리하도록 하겠습니다. 감사합니다.

(3) Role Playing

다음과 같은 상황일 때 어떻게 응대할지 생각해 보자.

1. 착륙 전, 눈이 부시다는 이유로 창문 커튼 열기를 거부하는 경우

2. 착륙 직전, 화장실 사용을 원하는 경우

3. 착륙 직전, 뜨거운 음료를 찾는 경우

4. 착륙 후, 항공기가 완전히 멈추지 않았는데 좌석에 착석하지 않고 내릴 준비하는 경우

5. 착륙 후, 항공기 이동 중 화장실 사용을 요청하는 경우

6. 착륙 후, 면세품 구매를 요구하는 경우

참고문헌

박연옥, 윤선정, 항공객실업무, 새로미, 2006
이지민, 윤승희, NCS기반 항공객실서비스론, 2016
이종호, 항공기 구조와 시스템, 새로미, 2019
이병선, 항공기 구조 및 비행안전, 백산출판사, 2015
윤성주, 항공기 구조 및 기내 서비스, 새로미, 2018
정태연, 항공객실업무론, 새로미, 2019
대한항공 홈페이지
아시아나항공 홈페이지
에어부산 홈페이지
에어서울 홈페이지
이스타항공 홈페이지
에어로케이 홈페이지
에어프레미아 홈페이지
진에어 홈페이지
제주항공 홈페이지
티웨이항공 홈페이지
플라이강원 홈페이지
항공정보포털시스템
http://m.blog.daum.net/vallage/1009
https://gneir.com/entry/
https://news.joins.com/article/23227854